U0421403

秋[illegible]三十年[illegible]。王敦[illegible]將作

[illegible]史學[illegible]戊辰[illegible]沈[illegible]臣[illegible]遣沈

也[illegible]親師[illegible]章[illegible]其名[illegible]遣[illegible]

三、侯正當[illegible]討論[illegible]如[illegible]

[illegible]理之日[illegible]六詩乾[illegible]是[illegible]說[illegible]共詩

東李承先章[illegible]福[illegible]軍理[illegible]代[illegible]之奏請[illegible]

離於天下未學[illegible]大服天下非今日也

天子[illegible]敦天下之事矣[illegible]書之[illegible]宣城

甲譙王承等又[illegible]將殺虞[illegible]武昌王廙方在甲殺

陪侶[illegible]復[illegible]王廙

甘卓[illegible]家[illegible]遂至月己亥襄陽太

慮襲[illegible]殺之於[illegible]己丑王廙

敦以[illegible]

郡[illegible]然[illegible]帝崩[illegible]位[illegible]十二月[illegible]還

[illegible]

制造汉武帝

【增订本】

由汉武帝晚年政治形象的塑造看《资治通鉴》的历史构建

辛德勇 著

三联书店

作者近照

辛德勇，男，1959年生。主要从事中国历史地理学、历史文献学研究，兼事中国地理学史、中国地图学史和中国古代政治史研究，主要著作有《隋唐两京丛考》《古代交通与地理文献研究》《历史的空间与空间的历史》《秦汉政区与边界地理研究》《建元与改元：西汉新莽年号研究》《旧史舆地文录》《石室賸言》《旧史舆地文编》《制造汉武帝》《祭獭食蹠》《海昏侯刘贺》《中国印刷史研究》《史记新本校勘》《书外话》《发现燕然山铭》等。

图一　明万历刻本《三才图会》中的汉武帝像

图二　西汉铜质“石德之印”

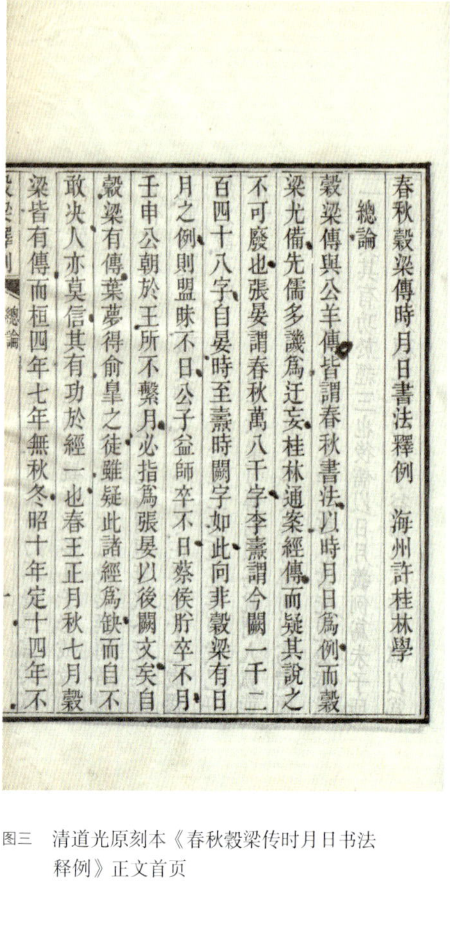

春秋穀梁傳時月日書法釋例　海州許桂林學

總論

穀梁傳與公羊傳皆謂春秋書法以時月日爲例而穀梁尤備先儒多譏爲迂妄桂林通案經傳而疑其說之不可廢也張晏謂春秋萬八千字李燾謂今闕一千二百四十八字自晏時至燾時闕字如此向非穀梁有日月之例則盟昧不日公子益師卒不日蔡侯肸卒不月壬申公朝於王所不繫月必指爲張晏以後闕文矣自穀梁有傳葉夢得俞皐之徒雖疑此諸經爲缺而自不敢決人亦莫信其有功於經一也春王正月秋七月穀梁皆有傳而桓四年七年無秋冬昭十年定十四年不

图三　清道光原刻本《春秋穀梁传时月日书法释例》正文首页

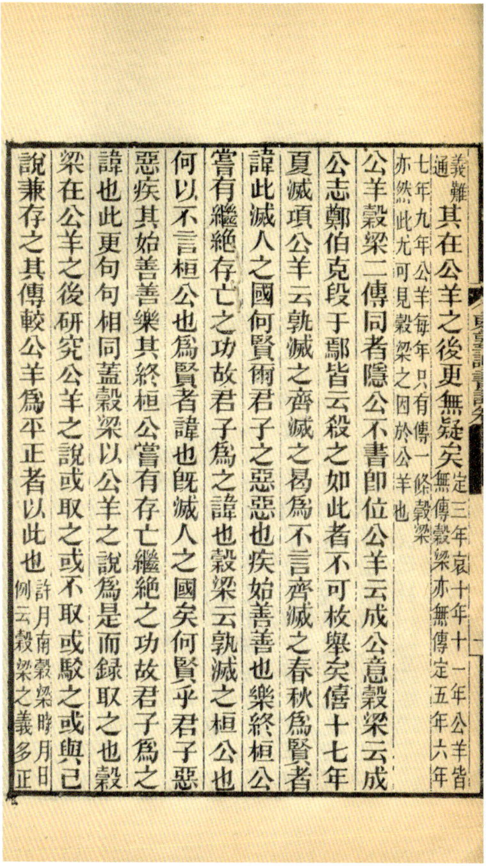

義難通其在公羊之後更無疑矣（定三年哀十年十一年公羊皆無傳穀梁亦無傳定五年六年七年九年公羊每年只有傳一條穀梁亦然此尤可見穀梁之因於公羊也）公羊穀梁二傳同者隱公不書即位公羊云成公意穀梁云成公志鄭伯克段于鄢皆云殺之如此者不可枚舉矣僖十七年夏滅項公羊云孰滅之齊滅之曷爲不言齊滅之春秋爲賢者諱此滅人之國何賢爾君子之惡惡也疾始善善也樂終桓公嘗有繼絶存亡之功故君子爲之諱也穀梁云孰滅之桓公也何以不言桓公也爲賢者諱也既滅人之國矣何賢乎君子惡惡疾其始善善樂其終桓公嘗有存亡繼絶之功故君子爲之諱也此更句句相同蓋穀梁以公羊之説爲是而録取之也穀梁在公羊之後研究公羊之説或取之或不取或駁之或與已説兼存之其傳較公羊爲平正者以此也（許月南穀梁時月日例云穀梁之義多正

图四　清后期原刻本《东塾读书记》内文

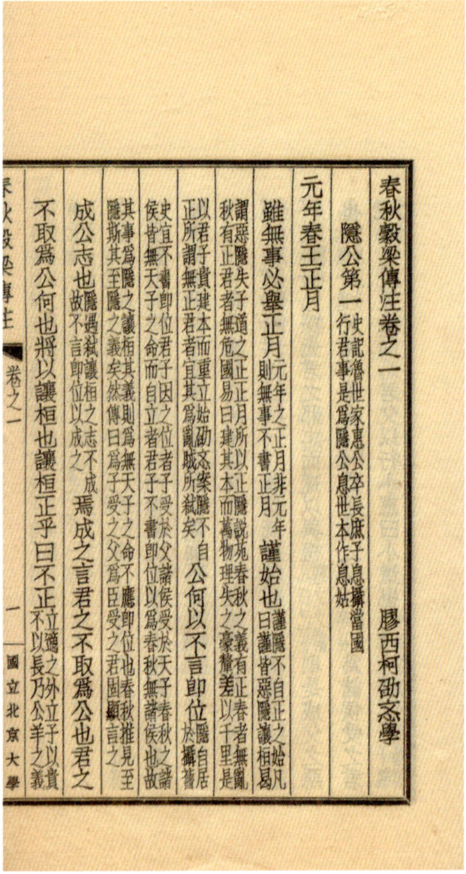

春秋穀梁傳注卷之一　膠西柯劭忞學

隱公第一史記魯世家惠公卒長庶子息攝當國行君事是爲隱公息世本作息姑

元年春王正月

雖無事必舉正月元年之正月非元年則無事不書正月謹始也謹隱不自正之始凡曰謹皆惡隱讓桓曷謂惡隱失子道之正正月所以正隱說苑春秋之義有正春者無亂秋有正君者無危國易曰建其本而萬物理失之豪釐差以千里是以君子貴建本而重立始劭忞案隱不自正所謂無正君者宜其爲亂賊所弒矣公何以不言即位隱自居於攝著史宜不書即位君子因之位者子受於父諸侯受於天子春秋之諸侯皆無天子之命而自立者君子不書即位以爲春秋無諸侯也故其事爲隱之讓桓其義則爲無天子之命不應即位也春秋推見至隱斯其至隱之義矣然傳曰爲子受之父爲臣受之君固顯言之成公志也隱遇弒讓桓之志不成故不言即位以成之焉成之言君之不取爲公也君之不取爲公何也將以讓桓也讓桓正乎曰不正立適之外立子以貴不以長乃公羊之義

图五　民国二十四年北京大学研究院文史部排印
“柯劭忞先生遗著”本《春秋穀梁传注》内文首页

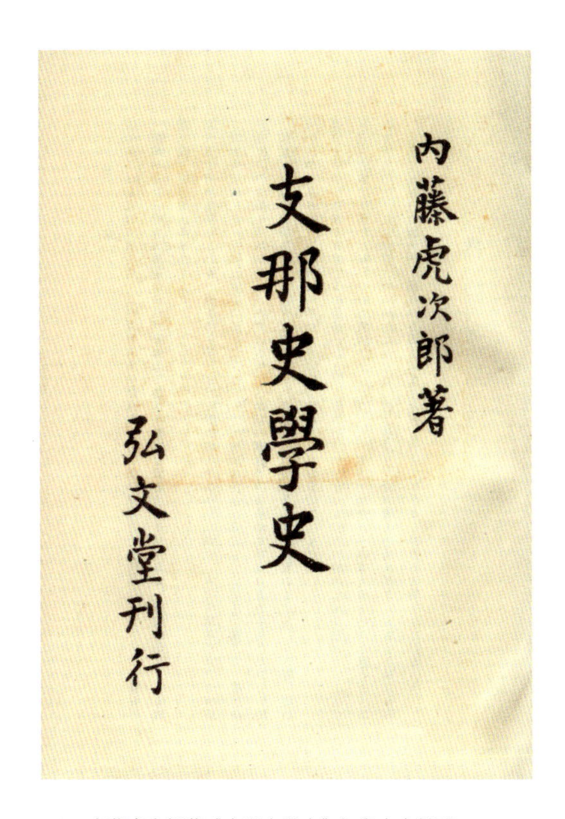
内藤虎次郎著

支那史學史

弘文堂刊行

图六　内藤虎次郎著《支那史学史》初印本内封面

图七　司马光《资治通鉴》手稿

永昌元年春正月乙卯改元。王敦[illegible]將作亂謂
長史謝鯤云云　體戊辰云云　隗稱巨軏云云　退沈充云云
乙亥下詔親帥六軍以誅大逆敦兄云云　敦〻遣使告梁
云云　侯正當云云　討之卓不從使人云云　一死矣然得云云　史問計
八煙〻曰鄙云云　[illegible]兵討敦於是云云　說[illegible]甘卓共討敦參
軍李梁說卓曰昔云云　福將軍但云云　代之舊謂梁曰竇
融於天下未寧之時故得以文服天子非今比也使大
將云云　守且云云　[illegible]逆說卓曰王氏云云　乃露云云　討廣州
刺史陶云云　[illegible]義事云云　嬰城固守甘卓遺丞書許以兵出云云

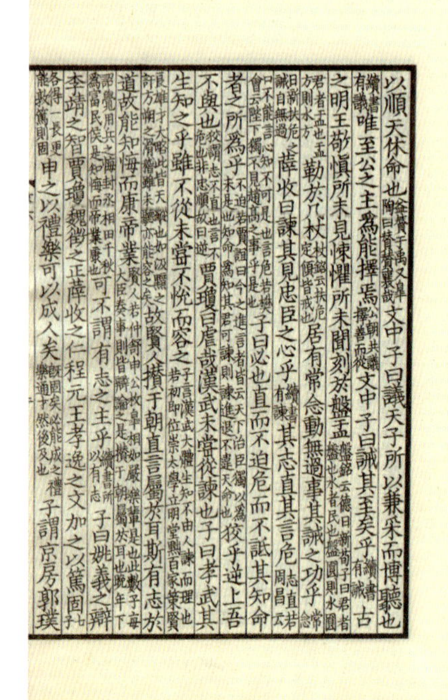

以順天休命也益贊于禹又皐陶曰贊贊襄哉文中子曰議天子所以兼采而博聽也
續書有議唯至公之主爲能擇焉公朝共議擇善而從文中子曰誡其至矣乎續書有誡古
之明王敬慎所未見悚懼所未聞刻於盤盂盤銘云德日新荀子曰君者盤也水者民也盤圓則水圓
君者盂也盂方則水方勤於几杖杖銘云扶危定傾皆戒也居有常念動無過事其誡之功乎常念
日新扶危之誡自無過薛收曰諫其見忠臣之心乎續書有諫其志直其言危志直若周昌云
口不能言心知不可見也言危若樊會云陛下獨不見趙高之事乎是也子曰必也直而不迫危而不詆其知命
者之所爲乎不迫若賈誼曰今之進言者皆云天下治臣獨以爲未是也知命爲知其君可諫則諫進退不違天命也狡乎逆上吾
不與也狡謂志不直也言不危也非忠順故曰逆賈瓊曰虐哉漢武未嘗從諫也子曰孝武其
生知之乎雖不從未嘗不悅而容之子言漢武大體生知不由人諫而理也若初即位崇太學立明堂黜百家策賢
良雄才大略此皆天縱也如汲黯之許方朔之滑稽雖未從亦能容之矣故賢人攢于朝直言屬於耳斯有志於
道故能知悔而康帝業賢人若仲舒申公枚皐相如嚴樂輩是也此數子每大臣奏事則皆辯論之是攢于朝屬於耳也晚年下
詔覺用兵之悔封丞相田千秋爲富民侯是知悔而帝業康也可不謂有志之主乎續書所以有志子曰姚義之辯
李靖之智賈瓊魏徵之正薛收之仁程元王孝逸之文加之以篤固子七
各得一長更能敦篤則固申之以禮樂可以成人矣既固矣必能成之禮樂通于然後及也子謂京房郭璞

图八　清光绪十六年贵阳陈矩覆宋刻本《中说》

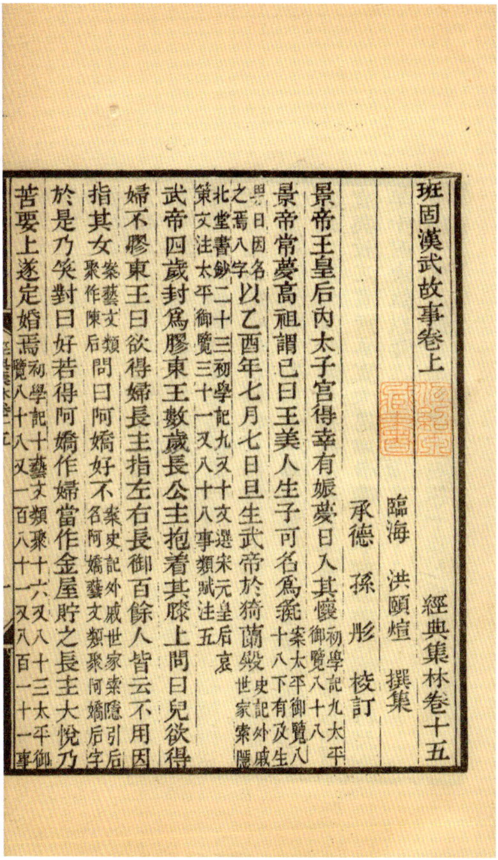

班固漢武故事卷上　　經典集林卷十五

臨海　洪頤煊　撰集

承德　孫　彤　校訂

景帝王皇后內太子宮得幸有娠夢日入其懷初學記九太平御覽八十八

景帝常夢高祖謂已曰王美人生子可名爲彘案太平御覽八十八下有及生男日因名之焉八字以乙酉年七月七日旦生武帝於猗蘭殿史記外戚世家索隱北堂書鈔二十三初學記九又十文選宋元皇后哀策文注太平御覽三十一又八十八事類賦注五

武帝四歲封爲膠東王數歲長公主抱着其膝上問曰兒欲得婦不膠東王曰欲得婦長主指左右長御百餘人皆云不用因指其女案藝文類聚作陳后問曰阿嬌好不案史記外戚世家索隱引后名阿嬌藝文類聚阿嬌后字於是乃笑對曰好若得阿嬌作婦當作金屋貯之長主大悅乃苦要上遂定婚焉初學記十藝文類聚十六又八十三太平御覽八十八又一百八十一又八百一十一事

图九　民国丙寅海宁陈氏慎初堂影印清嘉庆间《问经堂丛书》本《经典集林》中的《汉武故事》

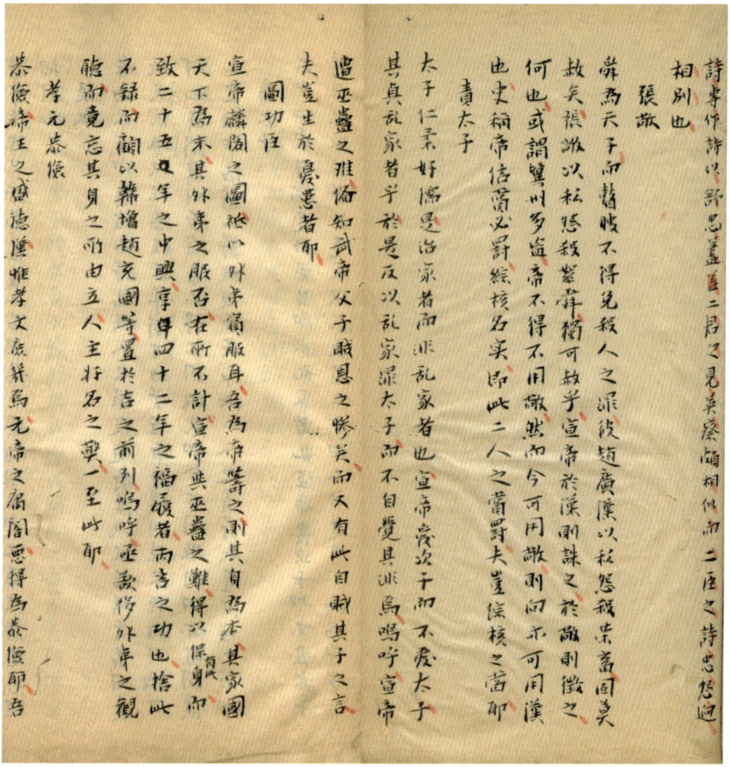

詩專作詩以舒忠蓋蓋二君之見莫察偏相似而二臣之詩忠怨迥
相別也
張敞
舜為天子而瞽瞍不得免殺人之罪彼趙廣漢以私怨殺榮畜固莫
赦矣張敞以私怨殺絮舜猶可赦乎宣帝於漢則誅之於敞則徵之
何也或謂冀州多盜帝不得不用敞然而今可用敞則向亦可用漢
也史稱帝信賞必罰綜核名實即此二人之賞罰失崖綜核之當耶
責太子
太子仁柔好儒是治家者而非亂家者也宣帝處次子而不愛太子
其真亂家者乎於是反以亂家罪太子而不自覺其非焉嗚呼宣帝
遭巫蠱之推倫知武帝父子賊恩之慘矣而又有此自賊其子之言
夫崖生於憂患者耶
圖功臣
宣帝麟閣之圖祇以外戚霍顯身為帝讐之則其自為本其家國
天下為末其外戚之賢否在所不計宣帝典巫蠱之難得以保身而
致二十五六年之中興享年四十二年之福履者丙吉之功也捨此
不録而顧以韓增趙充國等置於吉之前列嗚呼巫蠱傍外戚之親
聽而竟忘其身之所由立人主好名之弊一至此耶
孝元恭儉
恭儉帝王之盛德漢惟孝文庶幾焉元帝之屑屑惡得為恭儉耶吾

图十　明佚名撰失题篇名之读《通鉴》札记

目　次

撰述缘起

这本小书，原是一篇题作《汉武帝晚年政治取向与司马光的重构》的文章，而撰写这篇论文，缘于在北京大学给研究生讲授目录学课程。

一般来说，针对中国古代文史专业的目录学课，主要是介绍各类要籍的特点和史料价值，而对大多数人和大多数问题的研究来说，其史料价值，首先体现在史事记述的丰富性和准确性上。在准备编年体史书的讲义时，最为着重讲述的史籍是《资治通鉴》(《春秋》和《左传》是放到经部里面讲)。我想尽可能清楚一些，向学生介绍《通鉴》各不同时期内容史料价值的差别。

当年读研究生时，业师黄永年先生明确教示，《通鉴》之秦汉及其以前部分，绝不能用作一般意义的史料；了解相关史事，更不宜先于《史记》《汉书》而阅读《通鉴》。这是因为其纪事内容，完全依据《史记》《汉书》等著述编录改写，并没有我们今天看不到的可信史料作依据。

但在备课时查阅其他一些史料学著述，却都没有见到像这样明确的说明。特别是田余庆先生《论轮台诏》这篇文章，主要是依据《资治通鉴》的记载立论。这种做法，与黄永年先生上述看法直接抵触，而在中国历史学界很大范围之内却具有强烈影响。田余庆先生的结论被编入多种中国通史的教科书，这篇文章也被一些学者誉为经典之作。

在这种情况下，若不剖析判明田先生这篇文章的合理性，就难以清楚阐释《通鉴》的史料价值。为此，我前后花费五年多时间，写成了这篇文稿，试图揭示司马光编纂《资治通鉴》时为达到其政治目的而径随己意构建历史的情况。通过这一研究，就可以很负责任地告诉学生，至少就《通鉴》的西汉部分而言，是不具备一般意义上的史料价值的，田余庆先生利用《通鉴》相关记载来认知西汉史事，在研究方法上，值得商榷。

文章写成后，几经辗转，前后经历过多家刊物，迁延一年多时间，也没有能够发表。绝望中曾想自费印个小册子，送给朋友看看就算了；或是将来有机会出文集时，直接收到里面。后来《清华大学学报》主编仲伟民先生偶然听说此稿，马上索去，并以最快的速度一字不删不改地全文刊出了这篇长达 7 万多字的文章。

文章发表后，引起学术界一些人的关注。标新立异，这也很自然。不过让我没有想到的是，三联书店的编辑朋友读到拙文后，表示愿意作为一部小书把它单独出版，于是就有了现在这部小书。仲伟民和三联编辑的热心，都令我十分感动，在此表示由衷的感激。

除了较原稿略有增改外，为适应单独出书的需要，还重新改定了书名。希望这个书名，能够更加凸显司马光随心所欲构建史事这一主题。

由于拙文刊出后，得到的一些回应，似乎都没有很好地理解我论述的思路，在这里，对本书的结构再稍加说明。

1．前四章论述司马光对汉武帝晚年政治形象的塑造，指出其所依据的史料《汉武故事》等存在严重问题，不足凭信。这一点，对受过相应史料学训练的人来说，是很容易理解的事情，但对另外一些人来说，却会有不同的想法。对此，我无法再做更多的解释和说明。唯一想提请读者注意的是，我论证汉武帝晚年并没有司马光所期望的政治路线转变，并非仅仅是由于《汉武故事》不可信据，更重要的依据是，《汉书》和《盐铁论》等基本史籍的记载，与此都存在严重冲突。

2．第五章《刘宋时期另一场“巫蛊之变”与王俭塑造的戾太子形象》，是在前四章已经论定司马光系依据《汉武故事》来人为地构建汉武帝晚年政治取向，同时又采信余嘉锡先生的看法，把《汉武故事》的作者定为南朝刘宋时期的王俭这一前提下，分析王俭在《汉武故事》中构建汉武帝与戾太子之间两条路线斗争之事的社会背景。这是司马光大构建中套着的一个小构建。我想以此来展示这一历史构建的复杂性，而不是用它来证明《通鉴》相关记载的不可信性。像这样一个多重组合的历史构建，在历史构建问题的研究中，典型性很强，而在秦汉魏晋南北朝时期的史事记载当中，又很不容易遇到，所以，在这里花费很多篇幅，做了比较具体的解析。至于我的推测是否能够取信于所有读者，那是另一个问题，或者也可以说是信不信由你的事情。

3．第六章是回到西汉，探寻这一复杂历史构建的实在原型，而不是用它来论证司马光是否构建过汉武帝晚年的政治形象。这一点也不是用实证的方法所能够获取读者认可的，信与不信，还是由你。

在我动手撰写这篇文稿的时候，田余庆先生已经身患重病。征求北大一些师友的意见，均告已不宜向先生当面请教相关问题。文章发表不久，先生即不幸去世，因而始终没有机会听取田先生的意见。这是我研究这一问题最大的遗憾。今特在篇末附上我的追忆文章，以表达对田余庆先生的敬意。

2015年3月11日记

引　言

汉武帝刘彻以十六岁少年，即大汉皇帝之位，意气风发，锐意开疆拓土。《汉书·武帝纪》记载其兴师动众，征伐四方，始终乐之不疲。及宋人司马光撰著《资治通鉴》，乃在征和四年（前89）下别有记事云：

> 三月，上耕于巨定。还，幸泰山，修封。庚寅，祀于明堂。癸巳，禅石闾，见群臣，上乃言曰："朕即位以来，所为狂悖，使天下愁苦，不可追悔。自今事有伤害百姓，糜费天下者，悉罢之。"田千秋曰："方士言神仙者甚众，而无显功，臣请皆罢斥遣之。"上曰："大鸿胪言是也。"于是悉罢诸方士候神人者。是后上每对群臣自叹："向时愚惑，为方士所欺。天下岂有仙人，尽妖妄耳！节食服药，差可少病而已。"[1]

{1} 宋司马光《资治通鉴》（北京，中华书局，1956）卷二二汉武帝征和四年，页738。

依据上述记载，日本学者市村瓒次郎，在上世纪30年代出版的《东洋史统》一书中论述说，汉武帝在泰山会见群臣时所讲的这段话，以及由上述意愿进一步发展而在三个月之后亦即同年六月发布的停罢轮台屯田的诏书（案《通鉴》在上面的引文之下亦并载有此事），旨在罪己悔过，体现了汉武帝施政方针的改变。正是依赖这一改变，使得此前因其连年劳扰天下苍生而骚然不宁的民心，“复归于汉室，处于动摇状态的西汉王朝幸而保全。由此也可以看出，汉武帝足以堪称是一位伟大的政治家”[1]。其后，中国学者唐长孺，在从1956年开始编写的《秦汉史讲义》中，同样依据《通鉴》上述记载讲述说：“人民起义给武帝一个教训。前八九年（征和四年），他对群臣说：‘我从即位以来，所作所为，狂妄无理，使得天下困苦，现在后悔莫及。’因此他遣散了方士。这一年，有人建议在轮台设立屯田，他下了一纸诏书说明他不愿意再烦扰天下（这是有名的轮台之诏）。从此以后，他不再出兵。”[2]

至上世纪80年代中期，田余庆撰写《论轮台诏》一文，评述汉武帝一生行事，更系统地论述刘彻在其去世前两年，亦即征和四年，大幅度转变政治取向，由横征暴敛、穷兵黩武，转向所谓“守文”，从而“澄清了纷乱局面，稳定了统治秩序，导致了所

{1} 市村瓒次郎《东洋史统》（东京，富山房，1943）卷一第三章第五节《汉の国内事情》，页443—445。

{2} 唐长孺《讲义三种》（北京，中华书局，2011）之《秦汉三国史》第二章第七节《武帝事业的结果》，页87；又同书卷末附冻国栋撰《唐长孺先生生平及学术编年》，页11—12。

谓‘昭宣中兴’，使西汉统治得以再延续近百年之久”，而田氏以为《通鉴》上述记载，即为“汉武帝‘罪己’的开端”[1]。

这是一个十分重大的历史论断，引起中国学术界广泛关注和高度赞誉[2]，复因田氏将其基本看法写入先此两年出版的《中国史纲要》秦汉史部分[3]，而且后来还有一些比较流行的通论性著述和大学教材，也都采纳了这一说法[4]，从而产生了更为普遍的社会影响。不过，仔细品味汉武帝对其臣下讲的这段话，堂堂天子，竟用“向时愚惑”甚至“所为狂悖”这种堪称“丑诋”的词句来追悔自己的罪过，这在整个中国历史上，恐怕都是绝无仅有的用法，即

{1} 田余庆《论轮台诏》，原刊《历史研究》1984年第2期，此据作者文集《秦汉魏晋史探微（重订本）》（北京，中华书局，2004），页30—62。

{2} 如北京大学历史系阎步克教授谓“这确是一个富于启示的卓见”，是一个“精到论断”；又日本就实大学专门从事秦汉史研究的李开元教授，更称颂此文“堪称当代史学的经典论文，不但百读不厌，而且越读越有味道。……我已经不知道读过多少遍，仍然是回味无穷。那种无穷的回味，不仅是内容上的，而且是风格、形式和方法上的。由于造诣过于深沉，我至今无法对田氏史学做恰当的概括，眼下只能暂且称其为精致的艺术性史学”。另有署名“古石”者，撰文称“《论轮台诏》一文，集中研究了汉武帝由好大喜功政策向‘守文’政策转变的过程，其中对以卫太子为首的‘守文’势力与另一用法兴功势力的矛盾冲突的揭示，尤为深刻；对于认识专制制度下政治路线斗争的情态与特征，此文极有帮助”。阎说见《汉武帝时“宽厚长者皆附太子”考》一文，刊《北京大学学报》1993年第3期，页120、122；李说见《我的秘密书架》，刊《南方周末》，2007年5月30日；古石说见《严谨精进 有恨无悔——田余庆教授的中国史学研究》，刊《北京大学学报》1996年第4期，页112—114。

{3} 翦伯赞主编《中国史纲要》（北京，人民出版社，1983）第四章第二节《西汉时期统一的封建专制国家的确立》，页163。案据本书卷首邓广铭撰《关于本书的几点说明》，其中的秦汉史部分，是由田余庆执笔撰写。

{4} 如蔡美彪《中华史纲》（北京，社会科学文献出版社，2012）第三章第一节《阶级矛盾激化》，页58。又如张帆《中国古代简史》（北京，北京大学出版社，2001）第五章第二节《汉武帝的功业》，页92—93。

如清末人易佩绅所总结的那样："自谓狂悖，自谓愚惑，千古之君，罕有自责如是者。"[1] 如此背戾常理，其是否出自信史实录，未免令人疑虑。(见图一)

更令人费解的是，汉武帝自责"所为狂悖"而罢斥方士言神仙者，恰好紧接在他"禅石闾"之后。"禅石闾"之举，见于《汉书·武帝纪》[2]，确实可信，而《史记》《汉书》记载此"石闾者，在泰山下址南方，方士多言此仙人之闾也，故上亲禅焉"，即武帝亲禅石闾的目的，就是为迎候仙人，以求取长生不死[3]，《资治通鉴》却记载汉武帝在刚刚禅祠石闾之后，竟然突发异想，以"所为狂悖"之语严厉谴责自己的作为，转瞬之间，判若两人，脸面变换之迅疾，无乃过于急遽[4]。

其实，若是进一步溯本求源，早在南宋末年，王应麟就已经将汉武帝在征和四年相继施行的这两种举措，连类并举，称誉其"知神仙之虚诞而斥方士之妄，知征伐之劳费而罢轮台之田。于惩忿窒欲，迁善改过，实用其功。旧愆既更，新德益茂"[5]。清初人

{1} 清易佩绅《通鉴触绪》(清光绪刻本)卷八，页12a。

{2} 《汉书》(北京，中华书局，1962)卷六《武帝纪》，页210。

{3} 《史记》(北京，中华书局，1959)卷二八《封禅书》，页1403。《汉书》卷二五下《郊祀志》下，页1246。

{4} 案据《史记》卷二八《封禅书》(页1403—1404)记载，直至司马迁撰著《史记》之时，尽管"方士之候祠神人，入海求蓬莱，终无有验，而公孙卿之候神者，犹以大人之迹为解，无有效"，汉武帝亦"益怠厌方士之怪迂矣"，但他却依然"羁縻不绝，冀遇其真"。汉武帝对待求仙，恐怕到死都是这样一种心态。

{5} 宋王应麟《通鉴答问》(南京，江苏古籍出版社，1988，影印清光绪浙江书局刻《玉海》附印本)卷四"罢方士、不复出军"条，页70。

黄中也简明扼要地谈到过同样的看法，谓“武帝惕然知惧，轮台悔过，下诏云：‘朕即位以来，所为狂悖。’汉社危而复安，数百年之宗祀，实此一语奠之也。”[1] 因为在《资治通鉴》当中，还有很多相关的记载，所以单独阅读《通鉴》，确实很容易令人将所谓泰山罪己之语与轮台悔过之诏联系起来，对汉武帝晚年的政治取向，作出这样的判断。古往今来，往往会走上同一轨辙。

在古代学者这一类著述当中，明朝人王祎撰著的《大事记续编》，论述较为具体。《大事记续编》有相关纪事云：“汉孝武皇帝征和四年，春正月，帝幸东莱，欲浮海求神仙，群臣谏弗听。大风，海涌而止〔以《通鉴目录》《稽古录》修〕。二月丁酉，雍县无云如雷者三，陨石二〔以本纪修〕。三月，帝耕于巨定〔以本纪、荀悦《汉纪》、《稽古录》修〕。”[2]《汉书 · 武帝纪》记载在这一年正月，汉武帝确实有“行幸东莱，临大海”之举，出自《通鉴》的“欲浮海求神仙”一语，即使没有可靠依据，也可以说是符合情理的推断。《汉书 · 武帝纪》谓汉武帝继此之后，尚“还幸泰山，修封。庚寅，祀于明堂。癸巳，禅石闾”[3]，故王氏在《大事记续编》的《解题》中论之曰：“武帝一纪，征伐、宫室、祭祀、诗乐之事，无岁无之，独农桑之务未尝及焉。至是，始亲耕巨定，是殆悔心之萌

{1} 清黄中《黄雪瀑集》（清康熙泳古堂刻本）之《书秦誓后》，页 12b—13a。

{2} 明王祎《大事记续编》（台北，台湾商务印书馆，1986，影印文渊阁《四库全书》本）卷一，页 1a。

{3} 《汉书》卷六《武帝纪》，页 210。

乎？轮台悔过之诏，富民搜粟之封，兆于此矣。”[1]若是果如王氏所说，汉武帝“亲耕巨定”这一举动，似乎正好可以佐证《通鉴》所记轮台悔过之诏的合理性。

汉帝“亲耕”，始见于文帝，而其具体地点没有清楚记载[2]。班固《白虎通》述此亲耕之制，谓乃“耕于东郊”，盖“东方少阳，农事始起。……故《曾子问》曰‘天子耕东田而三反之’”[3]，虽然《礼记》别称“天子亲耕于南郊”[4]，终归应该是在毗邻京师城垣的地方，后世天子亦无不如此行事。然而，汉武帝此番亲耕的“巨定”，却远在渤海岸边，故《汉书·沟洫志》有“东海引巨定”之说[5]，东汉人服虔亦以其地“近东海”称之[6]。何以会出现如此违背礼制的举措？考虑到巨定与汉武帝“欲浮海求神仙”的东莱郡相去不远的情况，再联系当年“秦始皇立石海上，以为秦东门阙”以标识秦之东门并迎候海外仙人的做法[7]，应当有理由推测，汉武帝之亲耕于巨定，大概与其行幸东莱一样，也是为了追求迎候海中的神仙，即为得道长生，而在东方海滨向海外的仙人示好。审视《史记·封禅书》和《汉书·郊祀志》相关纪

[1] 《大事记续编》卷一，页1a—1b。

[2] 《史记》卷一〇《孝文本纪》，页423。《汉书》卷四九《晁错传》，页2296—2297。

[3] 汉班固《白虎通》（北京，北京图书馆出版社，2006，《中华再造善本》丛书影印国家图书馆藏元刻本）卷上《耕桑》，页49b。

[4] 《礼记》（清嘉庆丙寅阳城张氏影摹重刻宋抚州本）卷一四《祭统》，页20a。

[5] 《汉书》卷二九《沟洫志》，页1684。

[6] 《汉书》卷六《武帝纪》唐颜师古注引服虔语，页210。

[7] 《汉书》卷二八上《地理志》上，页1588。别详拙文《越王勾践徙都琅邪事析义》，原刊《文史》2010年第1期，收入鄙人文集《旧史舆地文录》（北京，中华书局，2013），页43—56。

事，可见武帝在巨定亲耕之事，与行幸东莱一样，都是处于其从征和四年初起“东巡海上，考神仙之属”这一特殊途程之内，而在泰山脚下“禅石闾”，乃是此番“考神仙之属”最后的行为[1]。因此，王袆对汉武帝亲耕于巨定的阐释，恐怕并不符合当时的实际情况。

事实上，通检《史记》《汉书》两书，以及诸如《盐铁论》这样直接议论武帝时期政事的著述，都见不到与上述泰山“罪己”内容相同的记载。这样一来，就牵涉一个基本的史料学问题，即仅见于《通鉴》而未见于《史记》《汉书》等基本史籍记载的西京史事，是否适宜用作论述西汉历史问题，尤其是像汉武帝悔过罪己这样重大历史问题的直接依据？

据云，田余庆的文章甫一发表，即有学者撰文对《通鉴》纪事的可信性提出质疑。针对这一问题，田余庆后来在把《论轮台诏》一文收入《秦汉魏晋史探微》一书时，有如下一段说明：

> 在我看来，《通鉴》资料取舍原则是无征不信，有异则考明之，严谨而不苟且，这是古今史界所公认的。所以我相信这段文字必有可靠根据。年代去司马光不远的朱熹是相信《通鉴》这段话的。《朱子语类》卷一三五论汉武帝“天资高，志向大，足以有为”；并谓其“末年海内虚耗，去秦始皇无几。……轮台之悔，亦是天资高，方如此。尝因人言‘太子仁柔不能用武’，答以‘正欲守其成。若朕所为，是袭亡秦之迹’。可见他当时已

{1} 《史记》卷二八《封禅书》，页1403。《汉书》卷二五下《郊祀志》下，页1246。

> 自知其罪”。这显然是朱熹引用《通鉴》此段文字，或是引用与《通鉴》此段文字同源的文字，用以与门人谈论历史。朱熹深谙司马光的学识，也了解北宋时古籍存佚的情况。他对于此段史料的鉴别，其权威性自然要大大超过今人。

他后来又补充说：

> 朱熹读史，主张正史为先，不偏废《通鉴》。《朱子语类》卷一一“读书法（下）”说：“看《通鉴》固好，然须看正史一部，却看《通鉴》。”关于轮台诏事，他应是先熟读《史》《汉》记载，然后特取《通鉴》之文加以论证。可见他对《通鉴》之文未因其不见正史而起疑心。司马光（1019—1086）与朱熹（1130—1200）年岁相距不是很远，《通鉴》对朱熹来说是近人之作，如果《通鉴》此文可疑，他是不会特别加以引用的。[1]

今案朱熹在论述史事时引用了《资治通鉴》这一内容，并不等于他专门“鉴别”过这段纪事之史料来源是否可信。在一般性地谈论某一史事时，往往会就其所知见而因便称引，这是古今相通的做法，朱子亦然。况且即使朱熹真的对这段纪事的史料来源做过“鉴别”，其“权威性”也不一定会“大大超过今人”。史料学的研究，需要比其他史事研究更为切实的证据。学问后出转精，也是事之

{1} 田余庆《论轮台诏》，据《秦汉魏晋史探微（重订本）》，页57。

常情，关键要看谁讲的话更有理据。

时下比较通行的历史文献解题导读类书籍，对《通鉴》西汉纪事的史料价值往往不做清楚说明。如柴德赓《史籍举要》，只是很笼统地说，《资治通鉴》的史料价值，是“三国以后至隋的史料价值胜于战国两汉，唐五代的史料价值又胜于三国以后至隋的一段”[1]。另有专门研治《通鉴》的学者，对田余庆依据《通鉴》立论来阐释汉武帝晚年政治取向问题，乃大加赞赏，以为与《史记》和《汉书》相比，这些仅见于《资治通鉴》的记载，要“深刻得多，可以给我们全面的、深入的历史理解”[2]。此外，如上世纪五十年代以后供职于台湾的秦汉史专家劳榦，虽然没有特别夸张地予以强调，但却同样十分关注《资治通鉴》中有关汉武帝与戾太子之间路线分歧以及汉武帝晚年治国路线转变的记载，对其史料可信性以及利用《通鉴》研治西汉史事的合理性丝毫没有怀疑[3]。

在这种情况下，要想合理把握汉武帝晚年的政治取向，就需要在全面审视汉武帝治国方略演变脉络的同时，对《通鉴》上述记载的可信程度做出具体的考察。

---

[1] 柴德赓《史籍举要》（北京，北京出版社，1982）下编《编年体类》一《资治通鉴》，页174。

[2] 张元《如何读〈资治通鉴〉》，刊《钱穆先生纪念馆馆刊》第三期（台北，台北市立图书馆，1995），页63—65。

[3] 劳榦《霍光当政时的政治问题》，又同人《对于〈巫蛊之祸的政治意义〉的看法》，并见作者文集《古代中国的历史与文化》（北京，中华书局，2006），页138、150。

第一章

论轮台之诏的性质

从清人黄中，到现代学者市村瓚次郎、田余庆，在论述汉武帝晚年政治取向时，都把所谓“轮台之诏”，看作刘彻彻底转变其治国方针的纲领性文件。那么，这道轮台诏书，具体都包括哪些内容以及是在怎样一种情况下颁布的呢?《汉书·西域传》记武帝征和四年（前 89）事有云：

> 自武帝初通西域，置校尉，屯田渠犁。是时军旅连出，师行三十二年，海内虚耗。征和中，贰师将军李广利以军降匈奴。上既悔远征伐，而搜粟都尉桑弘羊与丞相御史奏言：“故轮台东捷枝、渠犁皆故国，地广，饶水草，有溉田五千顷以上，处温和，田美，可益通沟渠，种五谷，与中国同时孰。其旁国少锥刀，贵黄金采缯，可以易谷食，宜给足不乏。臣愚以为可遣屯田卒诣故轮台以东，置校尉三人分护，各举图地形，通利沟渠，务使以时益种五谷。张掖、酒泉遣骑假司马为斥候，属校尉，

事有便宜，因骑置以闻。田一岁，有积谷，募民壮健有累重敢徙者诣田所，就畜积为本业，益垦溉田，稍筑列亭，连城而西，以威西国，辅乌孙，为便。臣谨遣征事臣昌分部行边，严敕太守都尉明逢火，选士马，谨斥候，蓄茭草，愿陛下遣使使西国，以安其意。臣昧死请。”

上乃下诏，深陈既往之悔，曰：“前有司奏，欲益民赋三十助边用，是重困老弱孤独也。而今又请遣卒田轮台。轮台西于车师千余里，前开陵侯击车师时，危须、尉犁、楼兰六国子弟在京师者皆先归，发畜食迎汉军，又自发兵，凡数万人，王各自将，共围车师，降其王。诸国兵便罢，力不能复至道上食汉军。汉军破城，食至多，然士自载不足以竟师，强者尽食畜产，羸者道死数千人。朕发酒泉驴橐驼负食，出玉门迎军。吏卒起张掖，不甚远，然尚厮留甚众。曩者，朕之不明，以军候弘上书言‘匈奴缚马前后足，置城下，驰言：秦人，我匄若马’，又汉使者久留不还，故兴遣贰师将军，欲以为使者威重也。古者卿大夫与谋，参以蓍龟，不吉不行。乃者以缚马书遍视丞相御史二千石诸大夫郎为文学者，乃至郡属国都尉成忠、赵破奴等，皆以‘虏自缚其马，不祥甚哉’！或以为‘欲以见强，夫不足者视人有余’。《易》之，卦得大过，爻在九五，匈奴困败。公车方士、太史治星望气，及太卜龟蓍，皆以为吉，匈奴必破，时不可再得也。又曰‘北伐行将，于鬴山必克’。卦诸将，贰师最吉。故朕亲发贰师下鬴山，诏之必毋深入。今计谋卦兆皆反缪。重合侯得虏候者，言‘闻汉军当来，匈奴使巫埋羊牛所出诸道及水上以诅军。单于遗天子马裘，常使巫祝之。缚马者，诅军事也’。又卜‘汉军一将不吉’。匈奴常言‘汉极大，然不能饥渴，失一狼，走千羊’。乃者贰师败军，士死略离散，悲痛常在朕心。今请远田轮台，欲起亭隧，是扰劳天下，非所以优民也。今朕不忍闻。大鸿胪等又议，欲募囚徒送匈奴使者，明封侯之赏以报忿，五伯所弗能为也。且匈奴得汉降者，常提掖搜索，问以所闻。今边塞未正，阑出不禁，障候长吏使卒猎兽，以皮肉为利，卒苦而烽火乏，失亦上集不得。后降者来，若捕生口虏，乃知之。当今务在禁苛暴，止擅赋，力本农，修马复令，以补缺，毋乏武备而已。郡国二千石各上进畜马方略补边状，与计对。”由是不复出军，而封丞相车千秋为富民侯，以明休息，思富养民也。[1]

单纯分析上述记载，我以为对轮台之诏所蕴含的内容，完全可以做出不同于市村瓒次郎和田余庆等人的理解，即轮台诏所针对的内容，只是有关西域轮台地区军事部署的局部性问题，是因贰师将军李广利西征受挫所做的策略性调整，而不是朝廷根本性的大政方针。

昔吕思勉著《秦汉史》，述及轮台诏书，虽然没有上升到治国理念整体转变的高度，却也是将其视为汉武帝“悔远征伐”而“思富养民”的重大举措[2]；更早则至迟从宋代起，如真德秀等人，就

{1} 《汉书》卷九六下《西域传》下，页3912—3914。

{2} 吕思勉《秦汉史》（上海，上海古籍出版社，1983）第五章第四节《武帝事四夷》二，页120—121。

将此轮台诏令，视作“武帝悔过之书”[1]。另外，在1949年之后，还有很多人，同样依据这道诏书，谓汉武帝在其末年，迫于各地农民的武力暴动等反抗活动的压力，不得不改变国策，止戈收兵，与民休息[2]；后来徐复观亦据此做出大略相似的论述，谓汉武帝“在征和四年做了政策的转变”[3]。若不考虑《资治通鉴》所展示的汉武帝治国理念发展过程，仅就其基本国策的转捩而言，这在很大程度上也可以说是单纯依据轮台之诏，得出了与市村瓒次郎、唐长孺、田余庆诸人相同的认识。

今案尽管班固在《汉书·西域传》的纪事里，是用“悔远征伐”“深陈既往之悔”这样的字样来叙述这篇诏书的主旨，在《汉书·食货志》里同样谓之曰“武帝末年，悔征伐之事，乃封丞相为富民侯”[4]，但汉武帝在诏书中实际讲述的“既往”之征伐，却只是前此一年之征和三年开陵侯（匈奴降者介合王）与贰师将军李广利西征的事情。事实上，这次出征，朝廷是同时“遣贰师将军七万人

---

[1] 宋真德秀《西山先生真文忠公文章正宗》（明嘉靖四十三年杜陵蒋氏刻本）卷二《辞命》三《止田轮台等诏》，页20a。案检真德秀《大学衍义》（明崇祯刻陈仁锡评点本）卷二二《格物致知》二《辨人才·憸邪罔上之情》（页12a—16a），知至少就真氏本人而言，其对汉武帝与戾太子关系之认识，系完全得自《通鉴》，这与他对轮台诏产生此等认识，似亦不无关联。

[2] 何兹全《秦汉史略》（上海，上海人民出版社，1955）一二《土地兼并》，页72。张维华《论汉武帝》（上海，上海人民出版社，1957）第二章《汉武帝的生平事迹及其性格》，页50—55；又第四章《汉武帝时期的社会问题和经济问题以及汉武帝对于这些问题的措施》，页126—132。

[3] 徐复观《两汉思想史》（上海，华东师范大学出版社，2001）第三卷《〈盐铁论〉中的政治社会文化问题》，页73—75。

[4] 《汉书》卷二四上《食货志》上，页1138。

出五原，御史大夫商丘成将三万人出西河，重合侯莽通（马通）将四万骑出酒泉千余里”，因“汉恐车师兵遮重合侯，乃遣闿（开）陵侯将兵别围车师”[1]，而汉武帝在轮台诏书中仅道及对马通（莽通）与开陵侯介合王攻取车师之役返程乏食一事和贰师将军李广利一路兵马的检讨，而对一路顺利进兵，“至浚稽山与虏战，多斩首”“杀伤虏甚重”的商丘成这支远征军[2]，却只字未提。所以，与其说像班固所讲的那样，是对其“军旅连出，师行三十二年，海内虚耗”的追悔，倒更像是总结李广利兵败降虏和莽通军因路遥乏食而损伤过众的教训[3]，审度双方实力和武备状况的对比，姑且先整顿边防，积聚财力，以伺机再战，如其所说令郡国二千石献策蓄马等事，就应该是为重新征战而预做准备。宋人林虙编纂《西汉诏令》，载录此轮台之诏，所拟题目为“诏蓄马补边”[4]，显示出按照林氏的理解，该诏重在调整对外作战的军事策略，而不是从根本上转变用兵于外的政治方针路线。

在这之前，我们也看到过类似的具体军事部署的收缩调整。

---

[1] 《汉书》卷六《武帝纪》，页209；又卷九四上《匈奴传》上，页3778—3779。案《汉书》卷九六下《西域传》下（页3922）系此役于征和四年，但据《汉书》卷六《武帝纪》，乃征和三年事，《汉书》卷六六《刘屈氂传》（页2883）所记李广利等出师时间与《武帝纪》同，可证《汉书·西域传》系年应有讹误。

[2] 《汉书》卷六《武帝纪》，页209；又卷九四上《匈奴传》上，页3779。

[3] 案单纯就在这一点而言，陈苏镇在所著《汉代政治与〈春秋〉学》（北京，中国广播电视出版社，2001）第三章第三节《昭宣之治及其历史意义》中（页284—286）早已谈道：“细读轮台之诏，武帝兴兵数十年，而诏中所‘悔’的只是征和三年之役。”

[4] 宋林虙《两汉诏令》（北京，北京图书馆出版社，2005，《中华再造善本》丛书影印上海图书馆藏元至正九年苏天爵刻明人递修《两汉诏令》本）卷六《诏蓄马补边》，页27a—29a。

例如，大约在元朔元年（前128）的时候，齐人主父偃和严安以及赵人徐乐，相继上书，以秦之亡国为镜鉴，劝谏汉武帝，外休兵戈，止征伐，罢转输；内缓刑罚，薄赋敛，省徭役。史称“书奏，天子召见三人，谓曰：‘公等皆安在？何相见之晚也！’于是上乃拜主父偃、徐乐、严安为郎中”[1]。紧接着在元朔三年的春天，汉武帝即“罢沧海郡”，入秋后复“罢西南夷”[2]。这看起来好像是汉武帝听从主父偃等人的谏言，停罢了汉廷在东北、西南两方新开边地上兴作的戍守等项事宜，清人邵晋涵即曾评价汉武帝任用主父偃诸人事云：“此武帝悔心之萌欤？”[3] 然而，就在汉武帝召见主父偃等人的下一年，亦即元朔二年，卫青即率大军出击匈奴，“收河南地，置朔方、五原郡”，元朔五年后更连年出兵不已，并相继将河西、岭南、闽越、朝鲜等地纳入大汉版图[4]。审其缘由，不过如徐乐上书所云，乃鉴于当时“关东五谷不登，年岁未复，民多穷困”（案据《汉书·武帝纪》记载，建元三年［前138］平原郡遭受水灾，饥民已经到了“人相食”的程度；元光三年河水在濮阳决口，“泛郡十六”，受灾面积亦相当广泛），若是再毫无顾恤地“重之以边境之事，推数循理而观之，则民且有不安其处者矣。

{1}　《史记》卷一一二《平津侯主父列传》，页2953—2960。参见《资治通鉴》卷一八汉武帝元朔元年，页599—603。

{2}　《汉书》卷六《武帝纪》，页171。

{3}　清邵晋涵《史记辑评》（上海，会文堂书局，1919）卷九，页9b。案此书系由会文堂首次石印面世，号称“邵二云先生定本”，但这种说法未必十分可靠，只是这些评语究竟出自何人之手，并不影响本书论述的问题。

{4}　《汉书》卷六《武帝纪》，页170—194。

不安故易动”，而“易动者，土崩之势也。故贤主独观万化之原，明于安危之机，修之庙堂之上，而销未形之患”[1]，汉武帝所为，显然只是为防范内乱而做的一种策略性调整。又如，汉武帝在元狩三年（前 120），亦即曾“减陇西、北地、上郡戍卒半”，但这是由于前此一年昆邪王杀休屠王降附汉朝，匈奴对当地边防的压力已经大大减轻，而汉廷紧接着在元狩四年就大规模迁徙关东贫民于“陇西、北地、西河、上郡、会稽，凡七十二万五千口”，卫青、霍去病等亦于同年率军出塞，大举北征，“封狼居胥乃还”（李广即战殁于此役）[2]，说明汉武帝依然奉行穷兵黩武的对外政策。

汉武帝临终前精心安排的托孤诸臣，不管是霍光，还是桑弘羊、上官桀、车千秋这些人，后来实际上都是在继续执行汉武帝一以贯之的施政方针，看不出市村瓒次郎和田余庆等人所说的路线转变[3]。这一历史事实，可以更为清楚地证明这一点。

尤其需要指出的是，昭帝始元六年（前 81）召开的著名的盐铁会议，本来是由于太仆右曹给事中杜延年“见国家承武帝奢侈师

---

[1] 《史记》卷一一二《平津侯主父列传》，页 3557。《汉书》卷六《武帝纪》，页 158、163。

[2] 《汉书》卷六《武帝纪》，页 176—177。

[3] 案劳榦《霍光当政时的政治问题》一文，虽然也很重视《通鉴》所记汉武帝与戾太子治国理念的差异以及武帝晚年所谓“罪己诏书”，但却认为“汉武帝轮台之诏，也只是认清楚了当时的客观形势，为了国家一定要做一番休息，决不允许再做新的进取。但在武帝的志愿里面，并未完全放弃进取。这就是武帝指定顾命大臣之中，桑弘羊还要占一席之地的原因。这也就是后来汉宣帝所说‘汉家自有制度，本以王霸道杂之’的立场”。这也就意味着在劳氏看来，汉武帝轮台之诏并不具有根本改变其治国理念和方针的意义。劳文见作者文集《古代中国的历史与文化》，页 141。

旅之后，数为大将军光言：‘年岁比不登，流民未尽还，宜修孝文时政，示以俭约宽和，顺天心，说民意，年岁宜应。’”而霍光则出于权力斗争的需要，企图借此向桑弘羊等人发难[1]，始采纳这一建议，“举贤良，议罢酒榷盐铁”[2]。杜延年所说“宜修孝文时政”这一出发点，就意味着汉武帝治理国家的大政方针，绝没有在刘彻去世前发生过根本性转变，并且一直延续到昭帝时期，依然如此。桑弘羊在盐铁会议的辩论过程中，着意强调“君薨，臣不变君之政”，不宜“害先帝之功而妨圣主之德”[3]，这也清楚表明当时执行的正是汉武帝即位以来一直贯彻实行的施政路线。不然的话，杜延年就应该劝谏霍光之辈切实秉承汉武帝晚年遗志而不宜重蹈其早年故辙了。正因为如此，来自全国各地的贤良文学，接二连三地猛烈抨击武帝即位以来劳扰天下、苛虐子民的内外国政，除了盐铁、均输、漕挽、征戍之外，譬如刑罚之重，也已经到了“盗马者罪死”的严酷程度[4]。这时距离司马光所说汉武帝在泰山石闾下诏罪己，已经过去整整八年，在御史大夫桑弘羊和那些文学贤良的话语里，却一点儿也看不到汉武帝在晚年有过大幅度调整其政治取向使之转而“守文”的迹象。

特别是在讲述秦始皇求仙事时，乃谓“及秦始皇览怪迂，信禨

---

[1] 案关于霍光策动盐铁会议的内在原因，别详拙著《建元与改元》（北京，中华书局，2013）中篇《汉宣帝地节改元事发微》，页193—195。

[2] 《汉书》卷六〇《杜延年传》，页2664。

[3] 汉桓宽《盐铁论》（北京，北京图书馆出版社，2002，《中华再造善本》丛书影印国家图书馆藏明弘治十四年涂祯刻本）卷二《忧边》，页15a。

[4] 汉桓宽《盐铁论》卷一〇《刑德》，页2a—3a。

祥，使卢生求羡门高、徐市等，入海求不死之药。当此之时，燕齐之士，释锄耒争言神仙，方士于是趣咸阳者以千数，言仙人食金饮珠，然后寿与天地相保。于是数巡狩五岳、滨海之馆，以求神仙、蓬莱之属。数幸之郡县，富人以赀佐，贫者筑道旁。其后小者亡逃，大者藏匿，吏捕索掣顿，不以道理。名宫之旁，庐舍丘落，无生苗立树。百姓离心，怨思者十有半。书曰：'享多仪，仪不及物曰不享。'故圣人非仁义不载于己，非正道不禦（御）于前。是以先帝诛文成、五利等，宣帝建学官，亲近忠良，欲以绝怪恶之端，而昭至德之涂也"，即此诸"贤良"辈仅举述汉武帝诛杀公然对其行骗的所谓文成将军和五利将军作对比，亦略无一语提及《通鉴》所说武帝"悉罢诸方士候神人者"之事[1]，看不到汉武帝本人的实质性转变。通观《盐铁论》全书，述及汉武帝所谓悔悟改过的举措，仍然只有停罢轮台屯田这一件事情[2]。

事实上，班固只是将这道停罢轮台屯田的诏书载录于《汉书·西域传》中，而在记述一朝大政的《汉书·武帝纪》里，对此却未著一字。这已经从一个侧面向我们提示，班固本人似乎并没有明确的意识，要把它看作汉武帝政治取向转变的标志[3]。特别是在《汉书·武帝纪》篇末的赞语里，班固还很委婉地评议说：

{1} 汉桓宽《盐铁论》卷六《散不足》，页7a—7b。

{2} 汉桓宽《盐铁论》卷四《地广》，页1b—2a。

{3} 案关于所谓"轮台诏"的性质问题，陈金霞《汉武帝〈轮台诏〉并非罪己诏》一文，已经具体论述过与市村瓒次郎和田余庆等人不同的看法，可参看。陈文刊《河南师范大学学报》第35卷第6期（2008年11月），页110—113。

“如武帝之雄才大略，不改文景之恭俭以济斯民，虽《诗》《书》所称，何有加焉！”[1] 这显然是在指斥汉武帝暴虐子民的一生，值此盖棺论定之时，亦略无一语提及他在晚年对此行径有过罪己悔过的举措。这更进一步显示出，在班固的眼里，汉武帝并没有改变过他的基本政治取向[2]。

那么，在《汉书》的《西域传》和《食货志》里，何以又会出现“悔远征伐”“深陈既往之悔”之类的叙述呢？我想这有可能是从刘向《新序》下面一段议论中，采录了相关的内容（也有可能取自与《新序》此文同一来源的某一著述），或是受到了这种看法的影响：

> 孝武皇帝自将师伏兵于马邑，诱致单于。单于既入塞，觉之，奔走而去。其后交兵接刃，结怨连祸，相攻击十年，兵雕民劳，百姓空虚，道殣相望，槥车相属，寇盗满山，天下摇动。孝武皇帝后悔之，御史大夫桑弘羊请佃轮台，诏却曰：“当今之务，务在禁苛暴，止擅赋，今乃远西佃，非所以慰民也，朕不忍闻。”封丞相号曰富民侯，遂不复言兵事，国家以宁，继嗣以定。[3]

像《汉书》这样一部大书，在具体的记事中，采录一些不同来源

{1}　《汉书》卷六《武帝纪》，页212。

{2}　案关于班固对汉武帝一生行事的总体评价，可参见清赵翼《廿二史札记》（北京，中华书局，1984，王树民《廿二史札记校证》本）卷二“汉书武帝纪赞不言武功”条，页34—35。

{3}　汉刘向《新序·善谋下》，据石光瑛《新序校释》（北京，中华书局，2009）卷一〇，页1398—1402。

的著述，是很自然的事情，然而，《新序》其书，本非纪事性史籍，而是借事设喻，阐发作者想要讲述的治世主张。唐人刘知几早已指出，《新序》书中往往“广陈虚事，多构伪辞”[1]，譬如这里所说“孝武皇帝自将师伏兵于马邑，诱致单于”云云，与《史记》《汉书》的记载决然相违，实际上并不存在这样的事情[2]，即其架空虚拟史事之至为昭彰者[3]。因而，不能简单据以推定历史事实。要想准确理解汉武帝轮台之诏的旨意，还是要以诏书本身的内容和诏书发布前后的具体事实为依据。

不过，市村瓚次郎和田余庆等人的看法，却与刘向相似，都把所谓“轮台诏”看作汉武帝政治路线转变的标志性文件，而他们之所以会得出这样的认识，在很大程度上，与本书开头引述的那段《资治通鉴》中的汉武帝“罪己”言论，具有直接关系。不仅如此，依据《通鉴》的记载，田余庆还向上追溯，找到了这条路线的发展脉络，指出在汉武帝与戾太子之间，一直存在着两条不同治国路线的分歧和斗争。

{1} 唐刘知几《史通·杂说下》，据清浦起龙《史通通释》（上海，上海古籍出版社，1978）卷一八，页516。

{2} 《史记》卷一〇八《韩长孺列传》，页2861—2862；又卷一一〇《匈奴列传》，页2905。《汉书》卷六《武帝纪》，页162—163；又卷五二《韩安国传》，页2398—2405。

{3} 案刘向所撰《说苑》，性质同此《新序》，乃“除去与新序复重者”（刘向进书表语）编纂而成，曾巩早已指出，刘向之“著书及建言，尤欲有为于世”，逮清人张文虎撰在《舒艺室随笔》（清同治十三年金陵冶城宾馆刻本）卷四述及其书（页3a—3b），更在对比《说苑》《史记》载述的同一史事后判之曰，刘向所说，每“非事实”，而“史公所述，胜中垒（案指中垒校尉刘向）多矣”。曾巩说见《元丰类稿》（上海，商务印书馆，民国《四部丛刊初编》影印乌程密韵楼藏元刊黑口本）卷一一《说苑目录序》，页14a—15b。

第二章

《通鉴》有关汉武帝与戾太子之间治国路线分歧的记载出自《汉武故事》

检读《汉书》相关记载，我们看不到在汉武帝与戾太子之间，存在明显的政治路线分歧，但司马光在《资治通鉴》中记述所谓“巫蛊之变”的由来时，却清楚记有这样的内容。为更好地说明这一问题，兹全文移录《通鉴》相关纪事如下：

> 初，上年二十九乃生戾太子，甚爱之。及长，性仁恕温谨，上嫌其材能少，不类己；而所幸王夫人生子闳，李姬生子旦、胥，李夫人生子髆，皇后、太子宠浸衰，常有不自安之意。上觉之，谓大将军青曰：“汉家庶事草创，加四夷侵陵中国，朕不变更制度，后世无法；不出师征伐，天下不安；为此者不得不劳民。若后世又如朕所为，是袭亡秦之迹也。太子敦重好静，必能安天下，不使朕忧。欲求守文之主，安有贤于太子者乎！闻皇后与太子有不安之意，岂有之邪？可以意晓之。”大将军顿首谢。皇后闻之，脱簪请罪。太子每谏征伐四夷，上笑曰：“吾当

其劳，以逸遗汝，不亦可乎！”

上每行幸，常以后事付太子，宫内付皇后，有所平决，还，白其最，上亦无异，有时不省也。上用法严，多任深刻吏；太子宽厚，多所平反，虽得百姓心，而用法大臣皆不悦。皇后恐久获罪，每戒太子，宜留取上意，不应擅有所纵舍。上闻之，是太子而非皇后。群臣宽厚长者皆附太子，而深酷用法者皆毁之；邪臣多党与，故太子誉少而毁多。卫青薨，臣下无复外家为据，竞欲构太子。

上与诸子疏，皇后希得见。太子尝谒皇后，移日乃出。黄门苏文告上曰：“太子与宫人戏。”上益太子宫人满二百人。太子后知之，心衔文。文与小黄门常融、王弼等常微伺太子过，辄增加白之。皇后切齿，使太子白诛文等。太子曰：“第勿为过，何畏文等！上聪明，不信邪佞，不足忧也。”上尝小不平，使常融召太子，融言“太子有喜色”。上嘿然。及太子至，上察其貌，有涕泣处，而佯语笑，上怪之；更微问，知其情，乃诛融。皇后亦善自防闲，避嫌疑，虽久无宠，尚被礼遇。

是时，方士及诸神巫多聚京师，率皆左道惑众，变幻无所不为。女巫往来宫中，教美人度厄，每屋辄埋木人祭祀之；因妒忌恚詈，更相告讦，以为祝诅上，无道。上怒，所杀后宫延及大臣，死者数百人。上心既以为疑，尝昼寝，梦木人数千，持杖欲击上，上惊寤，因是体不平，遂苦忽忽善忘。江充自以与太子及卫氏有隙，见上年老，恐晏驾后为太子所诛，因是为奸，言上疾祟在巫蛊。于是上以充为使者，治巫蛊狱。充将胡巫掘地求偶人，捕蛊及夜祠、视鬼，染污令有处，辄收捕验治，烧铁钳灼，强服之。民转相诬以巫蛊，吏辄劾以大逆无道；自京师、三辅连及郡、国，坐而死者前后数万人。

是时，上春秋高，疑左右皆为蛊祝诅；有与无，莫敢讼其冤者。充既知上意，因胡巫檀何言："宫中有蛊气，不除之，上终不差。"上乃使充入宫，至省中，坏御座，掘地求蛊；又使按道侯韩说、御史章赣、黄门苏文等助充。充先治后宫希幸夫人，以次及皇后、太子宫。掘地纵横，太子、皇后无复施床处。充云："于太子宫得木人尤多，又有帛书，所言不道，当奏闻。"太子惧，问少傅石德。德惧为师傅并诛，因谓太子曰："前丞相父子、两公主及卫氏皆坐此，今巫与使者掘地得征验，不知巫置之邪？将实有也？无以自明。可矫以节，收捕充等系狱，穷治其奸诈。且上疾在甘泉，皇后及家吏请问皆不报，上存亡未可知，而奸臣如此，太子将不念秦扶苏事邪？"太子曰："吾人子，安得擅诛！不如归谢，幸得无罪。"太子将往之甘泉，而江充持太子甚急；太子计不知所出，遂从石德计。秋，七月，壬午，太子使客诈为使者，收捕充等。按道侯说疑使者有诈，不肯受诏，客格杀说。太子自临斩充，骂曰："赵虏！前乱乃国王父子不足邪！乃复乱吾父子也！"又炙胡巫上林中。

太子使舍人无且持节夜入未央宫殿长秋门，因长御倚华具白皇后，发中厩车载射士，出武库兵，发长乐宫卫卒。长安扰乱，言太子反。苏文迸走，得亡归甘泉，说太子无状。上曰："太子必惧，又忿充等，故有此变。"乃使使召太子。使者不敢进，归报云："太子反已成，欲斩臣，臣逃归。"上大怒。丞相屈牦闻变，挺身逃，亡其印绶，使长史乘疾置以闻。上问："丞相何为？"对曰："丞相秘之，未敢发兵。"上怒曰："事籍籍如此，何谓秘也！丞相无周公之风矣，周公不诛管、蔡乎！"乃赐丞相玺书曰："捕斩反者，自有赏罚。以牛车为橹，毋接短兵，多杀伤士众！坚闭城门，毋令反者得出！"太子宣言告令百官云："帝在甘泉病困，疑有变；奸臣欲作乱。"上于是从甘泉来，幸城西建章宫，诏发三辅近县兵，部中二千石以下，丞相兼将之。太子亦遣使者矫制赦长安中都官囚徒，命少傅石德及宾客张光等分将；使长安囚如侯持节发长水及宣曲胡骑，皆以装会。侍郎马通使长安，因追捕如侯，告胡人曰："节有诈，勿听也。"遂斩如侯，引骑入长安；又发楫棹士以予大鸿胪商丘成。初，汉节纯赤，以太子持赤节，故更为黄旄加上以相别。

太子立车北军南门外，召护北军使者任安，与节，令发兵。安拜受节，入，闭门不出。太子引兵去，驱四市人凡数万众，至长乐西阙下，逢丞相军，合战五日，死者数万人，血流入沟中。民间皆云"太子反"，以故众不附太子，丞相附兵浸多。

庚寅，太子兵败，南奔覆盎城门。司直田仁部闭城门，以为太子父子之亲，不欲急之；太子由是得出亡。丞相欲斩仁，御史大夫暴胜之谓丞相曰："司直，吏二千石，当先请，奈何擅斩之！"丞相释仁。上闻而大怒，下吏责问御史大夫曰："司直纵反者，丞相斩之，法也；大夫何以擅止之？"胜之惶恐，自杀。诏遣宗正刘长、执金吾刘敢奉策收皇后玺绶，后自杀。上以为任安老吏，见兵事起，欲坐观成败，见胜者合从之，有两心，与田仁皆要斩。上以马通获如侯，长安男子景建从通获石德，商丘成力战获张光，封通为重合侯，建为德侯，成为秺侯。诸太子宾客尝出入宫门，皆坐诛；其随太子发兵，以反法族；吏士劫略者皆徙敦煌郡。以太子在外，始置屯兵长安诸城门。

上怒甚，群下忧惧，不知所出。壶关三老茂上书曰："臣闻父者犹天，母者犹地，子犹万物也，故天平，地安，物乃茂成；父慈母爱，子乃孝顺。今皇太子为汉适嗣，承万世之业，体祖宗之重，亲则皇帝之宗子也。江充，布衣之人，闾阎之隶臣耳；陛下显而用之，衔至尊之命以迫蹴皇太子，造饰奸诈，群邪错缪，是以亲戚之路鬲塞而不通。太子进则不得见上，退则困于乱臣，独冤结而无告，不忍忿忿之心，起而杀充，恐惧逋逃，子盗父兵，以救难自免耳。臣窃以为无邪心。诗曰：'营营青蝇，止于藩。恺悌君子，无信谗言。谗言罔极，交乱四国。'往者江充谗杀赵太子，天下莫不闻。陛下不省察，深过太子，发盛怒，举大兵而求之，三公自将；智者不敢言，辩士不敢说，臣窃痛之！唯陛下宽心慰意，少察所亲，毋患太子之非，亟罢甲兵，无令太子久亡！臣不胜惓惓，出一旦之命，待罪建章宫下。"书奏，天子感寤，然尚未显言赦之也。

太子亡，东至湖，藏匿泉鸠里；主人家贫，常卖屦以给太子。太子有故人在湖，闻其富赡，使人呼之而发觉。八月，辛亥，吏围捕太子，太子自度不得脱，即入室距户自经。山阳男子张富昌为卒，足蹋开户，新安令史李寿趋抱解太子，主人公遂格

> 斗死，皇孙二人皆并遇害。上既伤太子，乃封李寿为邘侯，张富昌为题侯。[1]

田余庆分析上述记载，对汉武帝与戾太子之间的关系，得出了一段重要结论：

> 武帝既不满意卫太子“仁恕温谨”，又怕“亡秦之迹”再现；而要避免重蹈“亡秦之迹”，又正需要像卫太子那样堪为“守文”的人作为继嗣。这显然是矛盾的根源。其实在当时，武帝仍然深信自己的统治是稳固的，并不认为真会出现“亡秦”的结局。他认为，“朕不变更制度，后世无法；不出师征伐，天下不安”。显然，他还没有打定主意在自己统治的时间内转变政策方向。他担心的是“后世”，也就是自己身后太子即位之时。他把转变政策之事付托给太子。所谓“吾当其劳，以逸遗汝”，以及告诫后世不要“如朕所为”，就是这个意思。至于他自己，那还是要继续“出兵征伐”，还是要继续“变更制度”。太初年间追匈奴，伐大宛，改正朔，易服色等，就是武帝这种思想的表现。这个时期，武帝主观上并没有意识到上述矛盾在将来有可能导致不幸的后果。
>
> 但是，从另一方面看来，矛盾确实在起着作用。卫太子与汉武帝比较，有不同的思想品格，有不同的统治政策。在武帝

{1} 宋司马光《资治通鉴》卷二二汉武帝征和二年，页726—733。

和太子并存的长时间里，朝廷中自然存在着两类官僚。一类是追随武帝的开边、兴利、改制、用法之臣，他们是多数；一类是拥护“守文”的太子的所谓“宽厚长者”，他们是少数。武帝和太子既然各有一班为自己效力的臣僚，他们的关系就超越了宫廷生活中的父子关系和个人权势关系，而具有朝廷中两种相矛盾的政治势力的性质。这两种政治势力的矛盾，在形势变化的时候，有可能激化起来，表现为武帝与太子的不可两立的抗争。

上引《通鉴》记事写清楚了武帝与太子冲突的两种政见的性质，但是理当作为原始资料看待的《汉书》却把这一冲突全部写成争宠、泄忿。《汉书·戾太子传》说：“武帝末，卫皇后宠衰，江充用事，充与太子及卫氏有隙”，遂有巫蛊之狱导致卫皇后和卫太子之死云云。两相比较，《通鉴》比较深刻，在史识上胜过《汉书》一筹。《通鉴》又认为元封以后武帝与太子疏远，仅仅是由于卫青死，卫太子失去了可以凭依的强有力的外家，因而臣下竞构太子的缘故。考虑到巫蛊之狱卫氏族灭的后果，此说不为无因；但仅仅如此而不究及武帝、太子政见的不同，似乎又离开了《通鉴》本来的观点，离开了历史的深度。[1]

比较《汉书》与《通鉴》的记载，《汉书》确实没有田余庆所说“历史的深度”，甚至《通鉴》自身也有一部分记述，与这种深度不甚契合。然而，这种深度，究竟是出于司马光的认识，或者说是他的

{1} 田余庆《论轮台诏》，据《秦汉魏晋史探微（重订本）》，页36—37。

一种期望，还是历史的本来面貌，却是我们在对比分析《汉书》与《通鉴》的不同记载时，首先需要辨析的问题。而解决这一问题的关键，是《通鉴》上述记载的史料来源，即如清人阮元对《通鉴》的史料来源与其纪事宗旨之间关系所做的论述："温公当日领袖群贤，博采载籍，斟酌异同，弃取裁截，后之学者，望洋而叹，几不尽知其所由来，安能全见其命意之所在？"[1]

我们今天要想尽知《通鉴》的史料来源，确实是无法做到的事情。面对上述《通鉴》有关汉武帝和戾太子之间关系的详细记载，清人全祖望对其史料来源，曾经感到十分困惑，谓"此条绝不知其何所出，《考异》中亦不及。西京事除班《书》外，唯褚先生补《史记》偶有异同，而荀《纪》则本班氏，温公不知采之何书，大足改正班史，而惜胡梅硐亦未尝一考及也"[2]。不过，令人倍感幸运的是，与朱熹同时的南宋初年人吕祖谦，早已为我们揭示过《通鉴》这段记述所从出的史料及其价值。

吕祖谦著《大事记》，述及"巫蛊之变"，仅依据《汉书》本纪，简单记云："秋七月，使者江充掘蛊太子宫。皇太子据斩充，发兵与丞相刘屈氂战，败，出奔。"[3] 而在《大事记解题》中阐释有关这一事件的具体问题时，则有如下一段叙述：

---

[1] 清阮元《揅经室集》（北京，中华书局，1993）二集卷七《通鉴训纂序》，页556。

[2] 清全祖望《经史问答》（清乾隆三十年万氏杭州原刻本）卷一〇，页6a—6b。

[3] 宋吕祖谦《大事记》（杭州，浙江古籍出版社，2005，《吕祖谦全集》本）卷一二，页180。

《解题》曰：按《江充传》：“充为水衡都尉，坐法免。会朱安世告公孙贺巫蛊，连及阳石、诸邑公主，皆坐诛。后上幸甘泉，疾病，充因是为奏。言上疾祟在巫蛊。”此《公孙贺传》所谓“起自朱安世，成于江充”者也。余并见《通鉴》。

《通鉴》引《汉武故事》诸书，（书）戾太子及巫蛊事甚详。如言：“是时，方士及诸神巫多聚京师，率皆左道惑众。女巫往来宫中，教美人度厄，每屋辄埋木人祭祀之。因妒忌恚詈，更相告讦，以为祝诅上。心既以为疑，因是体不平。”此理之必然，盖可信也。

如载：“太子曰：‘吾人子，安得擅诛！不如归谢，幸得无罪。’太子将往之甘泉，而江充持太子甚急。太子计不知所出，遂从石德计。苏文迸走，得亡归甘泉，说太子无状。上曰：‘太子必惧，又忿充等，故有此变。’乃使使召太子。使者不敢进，归报云：‘太子反已成，欲斩臣，臣逃归。’上大怒。”以《汉书》考之，《戾太子传》载石德画矫节捕江充之策，止云“太子急然德言”而已，未尝有自归谢罪之说也。江充特扬声言太子宫得木人帛书，当奏闻耳，非敢如狱吏治庶僚禁止其朝谒也。籍使充果持太子甚急，太子不得往甘泉，则亦何由能发兵乎？《刘屈氂传》：“戾太子杀充，发兵入丞相府，屈氂挺身逃。是时上避暑甘泉宫，丞相长史乘疾置以闻。上问：‘丞相何为？’对曰：‘丞相秘之，未敢发兵。’上怒曰：‘事籍籍如此，何谓秘也？丞相无周公之风矣。周公不诛管、蔡乎？’”长史既乘疾置，必先苏文至甘泉。武帝闻变之始，其怒如此，必不能亮太子之无他、(无)遣使召之事也。凡此类，皆不可尽信。[1]

东莱吕氏，在南迁中原诸族当中，以所谓“中原文献”著称于时，即吕祖谦本人所说“我伯祖西垣公躬受中原文献之传，载而之南”[2]，家族富有藏书，因而就历史文献之间源流关系的分析判断而言，其权威性当不在朱熹之下。正因为吕氏家中拥有非常完备的图书，《大事记解题》所述，应当是依据当时所传《汉武故事》全本立论，信而可据。司马光《通鉴考异》亦曾数次直接征引《汉武故事》的内容，愈可证吕氏之言非妄[3]。而朱熹赞誉吕祖谦编著《大事记》“其书甚妙，考订得子细”，又谓“《大事记》甚精密，古今盖未有此书”，甚至希望有人能够“续而成之”[4]，便首先应该包括对其甄别采择史事严谨程度的认可[5]。基于朱熹的学术造诣，这在很大程度上也可以视作当时富有学识的读书人对吕祖谦《大事记》的一般看法。从总体时代背景来看，这也是南宋学

{1} 宋吕祖谦《大事记解题》(杭州，浙江古籍出版社，2005，《吕祖谦全集》本)卷一二，页873—874。

{2} 宋吕祖谦《东莱吕太史文集》(杭州，浙江古籍出版社，2005，《吕祖谦全集》本)卷八《祭林宗丞文》，页133。

{3} 宋司马光《资治通鉴考异》(上海，商务印书馆，民国缩印纸皮本《四部丛刊初编》影印宋刊本)卷一元光四年十二月晦“杀窦婴”条，页3；又元光五年“董偃见上”条，页4；元封五年四月“卫青薨”条、征和二年七月“壶关三老茂上书天子感悟”条，页5。

{4} 宋朱熹《晦庵先生朱文公文集》(上海，上海古籍出版社，2002，《朱子全书》本)卷二七《答詹帅书》，页1204。宋黎靖德编《朱子语类》(北京，中华书局，1994)卷一二二《吕伯恭》，页2953。

{5} 案过去我在《东莱考史例说——以五原郡的始设时间为例述吕祖谦之历史考辨》一文中，曾举例论述过吕氏历史考辨的精审程度。拙文收入鄙人文集《困学书城》(北京，生活·读书·新知三联书店，2009)，页222—232。

术较北宋学术更为深邃精密的一种体现[1]。逮清乾隆年间修纂《四库全书》，馆臣亦称誉吕祖谦撰著《大事记》与《大事记解题》，“凡《史》《汉》同异及《通鉴》得失，皆缕析而详辨之，……其用心亦为周至”[2]，因而我们更应该重视吕氏上述看法。

唯吕祖谦《大事记》和《大事记解题》记事都十分简略，依例本无法一一载录《汉武故事》所记戾太子事，因而从上文当中，还不易清楚看出《通鉴》所记汉武帝与戾太子的政见分歧，是否也属出自“不可尽信”的《汉武故事》。在吕祖谦之后，宋人王益之在所著《西汉年纪》中也记述了相关史事，从中则可以清楚，王氏乃是本着与吕祖谦同样的看法，有意弃除了《汉武故事》中所有这些内容：

> 初，上晚得戾太子，甚爱之。及长，上嫌其材能少，不类己。会女巫往来宫中，教美人度厄，埋木人祭祀之。上乃使江充入宫，掘地求蛊。充云：“于太子宫得木人尤多。”太子惧，斩江充，发兵与丞相刘屈牦战〔《考异》曰：吕氏《解题》曰：“《通鉴》引《汉武故事》诸书，载其始末甚详。……凡此类皆未尽信。”今删去之〕。太子兵败，南奔覆盎城门〔《汉武

{1} 案清人朱彝尊《曝书亭集》（台北，世界书局，1989）卷四五《书李氏续通鉴长编后》（页547），谓“宋儒史学，以文简（李焘谥文简）为第一。盖自司马君实、欧阳永叔书成，犹有非之者，独文简免于讥驳”，所说亦清楚体现出南宋史学著述较诸北宋欧阳脩、司马光辈更为精密谨严的特征。

{2} 宋吕祖谦《大事记》卷首录清四库馆臣撰《大事记提要》，页1。

故事》〕。亚谷侯卢贺，坐受太子节，掠死。东城侯居股，与太子举兵谋反；开陵侯建禄，舍太子所私幸女子，皆要斩〔《侯表》〕。吏士劫略者，皆徙敦煌郡。以太子在外，始置屯兵长安诸城门〔《屈牦传》……〕。上怒甚，群下忧惧，不知所出。壶关三老茂上书曰："臣闻父者犹天，母者犹地，子犹万物也。故天平地安，阴阳和调，物乃茂成；父慈母爱，室家之中，子乃孝顺。阴阳不和，则万物夭伤；父子不和，则室家丧亡。故父不父则子不子，君不君则臣不臣，虽有粟，吾岂得而食诸？昔者，虞舜孝之至也，而不中于瞽瞍，孝己被谤，伯奇放流，骨肉至亲，父子相疑。何者？积毁之所生也。由是观之，子无不孝，而父有不察〔案《戾太子传》此下有'今皇太子为汉适嗣'一段，叙戾太子及江充等事，此本不载，文义未明〕。臣闻子胥尽忠而忘其号，比干尽仁而遗其身。忠臣竭诚，不顾鈇钺之诛以陈其愚，志在匡君安社稷也。《诗》云'取彼谮人，投畀豺虎。'唯陛下宽心尉意，少察所亲。臣不胜惓惓，出一旦之命，待罪建章阙下。"书奏，天子感悟，然尚未显言赦之也〔《考异》曰：《荀纪》以为令狐茂，《汉武故事》以为郑茂，二者不同。《汉书》不载姓，今从之。《故事》又云："茂上书，上感悟，赦反者，拜郑茂为宣慈校尉，持节徇三辅，赦太子。太子欲出，疑弗实。吏捕太子急，太子自杀。"温公云："是时上若赦太子，当诏吏勿捕，此说恐妄。"故《通鉴》削去，止云："书奏，天子感悟，然尚未显言赦之也。"今从《通鉴》〕。八月辛亥，吏围捕太子。太子自度不得脱，即入室，距户自经〔《戾太子传》《本纪》〕。巫蛊之祸，起自朱安世，成于江充，遂及公主、皇后、太子皆败〔《公孙贺传》〕。[1]

文中“太子兵败，南奔覆盎城门”，不见于《汉书·戾太子传》等处，仅见于上引《资治通鉴》，而王益之在此特地注出语出《汉武故事》，说明王氏当时所见《汉武故事》，尚有该项纪事，而今传本《汉武故事》与《西汉年纪》以外其他诸书所引《汉武故事》片段，已不见这条佚文。由此可以进一步证明，王益之删去吕祖谦所说出自《汉武故事》等书的那一大段有关汉武帝与戾太子路线分歧的记述，也是在亲见《汉武故事》原文情况下所做的判断，并非盲目信从吕祖谦的说法。

《四库提要》称“司马光《通鉴》所载汉书（德勇案：‘汉书’文字有讹，当正作‘西汉事’），皆本班、马二书及《荀纪》为据，其余鲜所采掇。益之独旁取《楚汉春秋》《说苑》诸书，广征博引，排比成书，视《通鉴》较为详密。至所作《考异》，于一切年月舛误、纪载异同、名地错出之处，无不参稽互核，折衷一是，多出二刘《刊误》、吴仁杰《补遗》之外，尤《通鉴考异》所未及，其考证亦可谓精审矣”[2]。明此“广征博引”而精审考辨的著述特征，再看其记述太子兵败后“南奔覆盎城门”事，还是取自《汉武故事》，尤可知王益之在《西汉年纪》中“删去”《通鉴》中有关汉武帝与戾

[1] 宋王益之《西汉年纪》（上海，商务印书馆，1937，排印《国学基本丛书》本）卷一七汉武帝征和二年，页257—259。

[2] 清官修《四库全书总目》（北京，中华书局，1965，影印清浙江刻本）卷四七《史部·编年类》“西汉年纪”条，页426—427。

太子不同治国理念的记载，应是缘于经过审慎比勘考辨之后而对这段史料的可靠性无法认同使然，并非简单摒弃《汉武故事》的一切记载。

本书开头引述的那段《资治通鉴》的纪事，亦即征和四年（前89）三月汉武帝向臣下讲述的“朕即位以来，所为狂悖”与“向时愚惑，为方士所欺”云云等所谓“罪己”之语，以及汉武帝停罢靡费天下百姓的候望神人之方士等事，在《西汉年纪》当中，同样没有移录片言只语。究其原因，可以推知，乃是由于这段记载也是出自《汉武故事》，不可信据。至清人严可均编纂《全上古三代秦汉三国六朝文》，也没有作为残断的诏书来收录这段文字，当是同样以为此文源出小说，不宜采录。

《汉武故事》原书久已失传，今传内容最为丰富的佚文，当属北宋时期与司马光约略同时人晁载之在所纂《续谈助》中节录的部分内容，其中有相关记载曰：

> 上欲浮海求神仙，海水暴沸涌，大风晦冥，不得御楼船，乃还。上乃言曰：“朕即位已来，天下愁苦，所为狂悖，不可追悔。自今有妨害百姓、费耗天下者，罢之。”田千秋奏请罢诸方士，斥遣之，上曰：“大鸿胪奏是也。”其海上诸侯（候）及西王母驿悉罢之，拜千秋为丞相。时上年六十余，发不白，更有少容，服食辟谷，希复幸女子矣。每见群臣，自叹愚惑：“天下岂有仙人，尽妖妄耳。节食服药，故差可少病。”自是亦不服药，而身体皆瘠瘦，一二年中惨惨不乐。三月丙寅，上昼卧不

觉。明日，色渐变，闭目。乃发哀告丧。[1]

两相对照，《通鉴》相关纪事，显然是用此文点窜而成，而通读上下文句，知《汉武故事》原文乃谓汉武帝因中止服食辟谷并停罢候望仙人，始身体衰败，从而迅速殒命。不仅如此，《太平御览》引《汉武故事》佚文，尚谓汉武帝死后，其"常所幸御，葬毕悉居茂陵园。上自婕妤以下二百余人，上幸之如平生，而傍人不见也。(霍)光闻之，乃更出宫人，增为五百人，因是遂绝"[2]。即使往生他界，依旧尽享男女至乐。可见作者讲述这一故事的主旨，显然是要以汉武帝为镜鉴，来宣扬若想追求成仙得道，一定要一以贯之，不能半途而废。这与司马光断章取义之后所要体现的思想，正好相反。

正因为《资治通鉴》相关记载是强自截取《汉武故事》以接入《汉书》的纪事之下，才会出现本书开头所说其与《汉书》所记武帝"禅石闾"之事直接抵触的情况。

{1} 宋晁载之《续谈助》(上海，商务印书馆，1939，《丛书集成初编》排印清光绪间归安陆氏刻《十万卷楼丛书》本)卷三录题汉班固撰《汉武故事》，页69。

{2} 宋李昉等《太平御览》(北京，中华书局，1960，影印宋本)卷八八《皇王部·孝武皇帝》，页421。

第三章

《汉武故事》所记史事初不足以凭信

上面这条《汉武故事》的纪事，已经反映出此书记述的汉武帝行事，恐怕不尽属于信史。对司马光采录其中所谓“罪己”之语编入《资治通鉴》，明初人王祎在《大事记续编》的“解题”中也早已指出，其文“出《汉武故事》，其言绝不类西汉,《通鉴》误取尔”[1]。清四库馆臣同样认为，就研治西汉史事而言，《汉武故事》属于“晚出伪书，不足为据”[2]。

《隋书》与两《唐书》著录《汉武故事》，或入史部旧事类，或入史部故事类，虽然具体的类别有所差异，但都是列在史部[3]；北宋中期王尧臣等奉敕编纂《崇文总目》，同样将其排在杂史类下，与

{1} 明王祎《大事记续编》卷一，页1b。

{2} 清官修《四库全书总目》卷一一八《子部·杂家类》“野客丛书”条，页1021。

{3} 《隋书》（北京，中华书局，1973）卷三三《经籍志》二，页966。《旧唐书》（北京，中华书局，1975）卷四六《经籍志》上，页1998。《新唐书》（北京，中华书局，1975）卷五八《艺文志》二，页1473。

《周书》《越绝书》《战国策》等史籍并列[1]。单纯从这样的目录分类来看，难免会给人以其书纪事信实的印象。那么，为什么从宋朝的吕祖谦、王益之，到明朝的王祎，再到清代的四库馆臣，他们这些人都觉得《汉武故事》的材料不可信据呢？事实上，在古代著述的分类体系中，有几类书籍，性质每有纠葛。如元人马端临即谓“有实故事而以为杂史者，实杂史而以为小说者”[2]，《汉武故事》正在这类性质容易混淆的书籍当中。

下面，我们首先从传世的《续谈助》节录本中，引述两处片段，看看这书究竟是一部什么性质的著述。如：

> 凿昆池，积其土为山，高三十余丈。又起柏梁台，高二十丈，悉以香柏以处神君。神君者，长陵女子也，死而有灵，霍去病微时，数祷神君，乃见其形，欲与去病交接，去病不肯。及去病疾笃，上令为祷神君。神君曰：“霍将军精气少，吾尝欲以太一精补之，可得延年。将军不晓此意，遂见断绝。今疾必死，非可救也。”去病竟死。上乃造神君请术，行之有效，大抵不异容成也。自柏梁烧后，神稍衰。东方朔取宛若〔神君之姒〕为小妻，生子三人，与朔同日死，时人疑化去弗死也。[3]

{1} 宋王尧臣等《崇文总目》（清咸丰伍崇曜刻《粤雅堂丛书》收钱侗等辑释本）卷二《杂史类》上，页17a—19a。

{2} 元马端临《文献通考》（北京，中华书局，1986，重印民国商务印书馆排印《十通》本）卷一九五《经籍考》二十二，页1648。

{3} 宋晁载之《续谈助》卷三录题汉班固撰《汉武故事》，页66。

又：

> 七月七日，上于承华殿斋。日正中，忽见有青鸟从西来，上问东方朔，朔对曰："西王母暮必降。" 尊像上乃施帷帐，烧贝末香。香，兜渠国所献也。香如大豆，涂宫门，闻百里。是日夜漏七刻，西方无云，隐如雷声，竟天紫色。有顷，王母至，乘紫车，玉女夹驭，载（戴）七胜，青气如云，有二青鸟如鸾，夹侍王母旁。下车，上迎拜，延母坐，请不死之药。母曰："帝滞情不遣，欲心尚多，不死之药，未可致也。"因出桃七枚，母自啖二枚，与帝五枚。留至五更，谈语世事，而不肯言鬼神，肃然便去。东方朔于朱鸟牖中窥母，母曰："此儿好作罪过，疏妄无赖，久被斥退，不得还天。然原心无恶，寻当得还，帝善遇之。"母既去，上惆怅良久。[1]

读此两例，即已足知此书充满怪诞传说，绝非信史。

传世《续谈助》节录本如此，那么，北宋时期其他题作《汉武故事》的传本，有没有可能是与此晁氏节录本有较大不同的另一部严肃历史著述呢？在北宋初年编纂的《太平广记》和《太平御览》当中，也都引述有不少《汉武故事》的内容。下面让我们各举一例，来看一看情况究竟如何。在《太平广记》当中，恰好也摘录有前述神君与霍去病的故事，内容如下：

{1} 宋晁载之《续谈助》卷三录题汉班固撰《汉武故事》，页68。

汉武帝起柏梁台，以处神君。神君者，长陵女，嫁为人妻，生一男，数岁死。女悼痛之，岁中亦死，死而有灵。其姒宛若祠之，遂闻言宛若为主，民人多往请福。说人家小事，颇有验，平原君亦事之。其后子孙尊显，以为神君力，益尊贵。武帝即位，太后迎于宫中祭之，闻其言，不见其人。至是神君求出，乃营柏梁台舍之。初霍去病微时，数自祷神，神君乃见其形，自修饰，欲与去病交接。去病不肯，责神君曰："吾以神君清洁，故斋戒祈福。今欲为淫，此非神明也。"自绝不复往，神君亦惭。及去病疾笃，上令祷神君。神君曰："霍将军精气少，命不长，吾尝欲以太一精补之，可得延年。霍将军不晓此意，乃见断绝，今不可救也。"去病竟卒。卫太子未败一年，神君乃去。东方朔娶宛若为小妻，生子三人，与朔俱死。[1]

又《续谈助》节录本中有关汉武帝与西王母会面的记述，在《太平御览》引录的佚文中，也分为几处，记有大致相同的内容：

七月七日，上于承华殿齐（斋）。（日）止（正）中，忽有一青鸟从西方来，集殿前。上问东方朔，朔曰："此西王母欲来也。"有顷，西王母至。有二青鸟如乌，侠（夹）侍王母旁。[2]

西王母当降，上烧兜末香。兜末香，兜渠国所献，如大

{1} 宋李昉等《太平广记》（北京，中华书局，1961）卷二九一《神》一"宛若"条引《汉武故事》，页2318。

{2} 宋李昉等《太平御览》卷九二七《羽族部·青鸟》，页4120。

豆，涂门，香闻百里。关中常（尝）大疾疫，死者因生。[1]

西王母降，东方朔于朱雀牖中窥母。母谓帝曰："此儿无赖，久被斥逐，原心无恶，寻当得还。"[2]

相互对照，我们可以确认，北宋初年以来迄至司马光编纂《通鉴》的时候，再到南宋时期吕祖谦撰著《大事记》、王益之撰著《西汉年纪》的时候，世间通行的《汉武故事》理当别无他本，而上述引文乃清楚表明，此书本属驾神托仙的小说故事，内容怪异离奇，实在不宜当作纪事的史料来使用。又由此看来，《隋书·经籍志》和两《唐书》之《经籍》《艺文志》对《汉武故事》所做类别划分，自然都很不得当，清四库馆臣早已就此提出批评说："志艺文者有故事一类，其间祖宗创法，奕叶慎守，是为一朝之故事；后鉴前师，与时损益者，是为前代之故事。史家著录，大抵前代事也。《隋志》载《汉武故事》，滥及稗官，……循名误列，义例殊乖。"[3] 正是基于这样的认识，清修《四库全书》才将《汉武故事》改列在子部小说家中。

如本书开头所述，《论轮台诏》一文刊布未久，即有读者对《通鉴》的史料价值提出疑问。为此，田余庆后来修订此文时添加有一段跋语，补充说明甘肃玉门花海汉代烽燧遗址出土的一支多棱形木觚上所书写的汉武帝遗诏，其中有文句叮嘱身居储位的太子，要

[1] 宋李昉等《太平御览》卷九八三《香部·兜末香》，页4353—4354。

[2] 宋李昉等《太平御览》卷一八八《居处部·窗》引《汉武故事》，页910。

[3] 清官修《四库全书总目》卷八一《史部·政书类》序录，页693。

“善遇百姓，赋敛以理”等等，并且谈到“胡亥自圮（德勇案：后有学者改读作‘恣’），灭名绝纪，审察朕言，众（德勇案：后有学者指出当通作‘终’）身毋久（德勇案：后有学者指出当通作‘疚’）”云云。田氏以为“遗诏所反映的历史背景，与《论轮台诏》文中勾勒的武帝晚年诸种情况是契合的。尤其是遗诏所说‘胡亥自圮，灭名绝纪’，就是惩‘亡秦之迹’，这与《通鉴》所录武帝对卫青之言一致，也与武帝轮台之悔的思想一致。读此遗诏，自觉《论轮台诏》文又多了一点印证”[1]。今案清人赵翼早已指出“汉诏多惧词”这一普遍情况[2]，这些惩亡秦之迹的警示语句，未必非武帝莫属。这支木觚上书写的汉皇诏书，究竟属于哪一位帝王，并没有清楚标记，从事整理的考古工作者当时虽然主张将其定为汉武帝的遗诏（过去我也承用过这一说法）。这篇诏书中有些文句口语的意味很浓，辞气质朴，确应是直接针对皇太子而发，但汉武帝的太子刘弗陵，在武帝去世时年仅八岁，不可能听懂看明白如此严肃庄重的嘱咐。因此，这份遗诏似乎不大可能出自武帝。

胡平生后来研究指出，从受诏对象应有的年龄、诏书中对胡亥亡国教训念念不忘的情况及所体现的“无为而治”思想、汉高祖因征黥布而受伤后自知不治的心态、刘邦之敬重天地山川各类祠祭以及他轻徭薄赋、招贤纳士的施政措施等各项因素综合来分析，这份诏书应该是汉高祖临终前留给后来的惠帝刘盈的遗言。

{1} 田余庆《论轮台诏》，据《秦汉魏晋史探微（重订本）》，页61—62。

{2} 清赵翼《廿二史札记》卷二“汉诏多惧词”条，页42。

今案宋人王应麟尝谓汉时诏令乃“人主自亲其文”{1}，具体的情况则是在汉武帝以前的高惠文景时期尤甚；特别是如同唐人郑亚所指出的那样，在高祖肇建大汉之初，“当秦焚书之后，侍从之臣皆不习文史，萧曹之辈又乏儒墨之用，每封功臣，建子弟，其辞多天子为之”{2}。正因为汉高祖的诏敕多亲自动笔撰写，而且这一点在西汉诸帝中尤为突出，才会有《汉高祖手诏》一卷一直流传到南朝萧梁时期{3}。传世《古文苑》中尚收录有“汉高祖手敕太子”五条，审其口吻语句，正与玉门花海出土的汉帝遗诏酷似，俱非如后世由文臣拟写昭告天下的官样文章可比。宋人章樵为《古文苑》做注，释云：“《汉书·艺文志》‘《高祖传》十三篇’，固自注：‘高祖与文臣述古语及诏策也。’此编或居诏策之一。”{4}余嘉锡以为“其说是也。但《古文苑》为宋人所辑，其时《高祖传》已亡，盖即自《小说》录出也。诸家注《汉书》者皆不引此，殆疑其非真，不知已先见梁人书中矣”{5}。实则萧梁时期流行的所谓《汉高祖手诏》，正应当是《汉书·艺文志》所著录《高祖传》中的诏策部分内容，余嘉锡提到的

{1} 宋王应麟《困学纪闻》（上海，商务印书馆，1935，《四部丛刊三编》影印江安傅氏双鉴楼藏元刊本）卷一三《考史》，页4b。

{2} 唐李德裕《李卫公文集》（上海，商务印书馆，民国《四部丛刊初编》影印常熟瞿氏铁琴铜剑楼藏明刊本）卷首唐郑亚撰《李文饶文集序》，页1b。

{3} 《隋书》卷三五《经籍志》四，页1087。

{4} 唐宋间佚名编、宋章樵注《古文苑》（上海，商务印书馆，民国《四部丛刊初编》洋装缩本影印常熟瞿氏铁琴铜剑楼藏宋刻本）卷一〇《汉高祖手敕太子》，页74。

{5} 余嘉锡《殷芸小说辑证》，见作者文集《余嘉锡论学杂著》（北京，中华书局，1963），页278。案余嘉锡论《古文苑》录汉高祖诏书出自《殷芸小说》事，承蒙北京大学历史系同事张帆教授的教示，谨致谢意。

《小说》或称《殷芸小说》，作者殷芸正是萧梁时人，其书乃奉梁武帝敕命编撰[1]，固有缘将此《汉高祖手诏》的内容，采录到书中。如同余嘉锡所指出的那样，《殷芸小说》在采录这些内容时，本来已经清楚注明系出自“汉高帝敕”[2]。而若后来的汉武帝刘彻，则以“好艺文”之故，书翰改而“常召司马相如等视草”[3]，要是特地立有此等“遗诏”，似乎更应安排词臣来润色定稿。结合这一背景，再来通观胡氏的论证过程，知其所说符合汉代的实际情况，信而可从；至少要远比过去的武帝之说妥帖合理[4]。根据这一新的研究，恐怕已经不能再简单地援据玉门花海汉代烽燧遗址出土的汉朝遗诏，来印证《通鉴》相关纪事的可信性。

在此需要稍加说明的是，阎步克因赞赏田余庆《论轮台诏》一文依据《资治通鉴》的记载来勾勒汉武帝与戾太子之间的两条路线斗争，进而撰写专文，试图证明《通鉴》取自《汉武故事》的“群臣宽厚长者皆附太子”一说[5]。然而，通读阎文，感觉文中举述的所谓“宽厚长者”，或者其为人行事是否堪称“宽厚”尚无以知晓，或者其是否附从于戾太子而无从证明，所说都很难具体落实，且多

{1} 《隋书》卷三四《经籍志》三，页1011。

{2} 余嘉锡《殷芸小说辑证》，据《余嘉锡论学杂著》，页278。明陶宗仪《说郛》(上海，上海古籍出版社，1988，《说郛三种》影印民国涵芬楼排印明钞本）卷二五《小说》，页441。

{3} 《汉书》卷四四《淮南王安传》，页2145。

{4} 胡平生《写在木觚上的汉代遗诏》，刊《文物天地》1987年第6期，页30—32。

{5} 案除了田余庆和阎步克之外，今专门论述汉代政治史的学者，亦颇有人信服《资治通鉴》这一记述，如张小锋《玉门花海所出汉代七棱觚新探》，刊《敦煌研究》2001年第1期，页118—119。

属卫后家党羽或太子僚属，与戾太子有特殊的利害关系，其中稍显充实者似乎可以说只有石德一人[1]。

案石德其人，时为太子少傅，固属戾太子身边的官员，也不是寻常局外之人，且其行事，在《汉书》中记载极为简略，只是在巫蛊之变发生时，才讲到他的名字。其中一处见于《戾太子传》：

（江）充遂至太子宫掘蛊，得桐木人。时上疾，辟暑甘泉宫。独皇后、太子在。太子召问少傅石德，德惧为师傅并诛，因谓太子曰："前丞相父子、两公主及卫氏皆坐此，今巫与使者掘地得征验，不知巫置之邪？将实有也？无以自明。可矫以节收捕充等系狱，穷治其奸诈。且上疾在甘泉，皇后及家吏请问皆不报，上存亡未可知，而奸臣如此，太子将不念秦扶苏事耶？"太子急，然德言。征和二年七月壬午，乃使客为使者收捕充等。[2]

另一处见于《刘屈氂传》：

太子既诛充发兵，宣言帝在甘泉病困，疑有变，奸臣欲作乱。上于是从甘泉来，幸城西建章宫，诏发三辅近县兵，部中二千石以下，丞相兼将。太子亦遣使者挢制赦长安中都官囚徒，发武库兵，命少傅石德及宾客张光等分将，使长安囚如侯持节

{1} 阎步克《汉武帝时"宽厚长者皆附太子"考》，刊《北京大学学报》1993年第3期，页120—123。

{2} 《汉书》卷六三《戾太子传》，页2742—2743。

发长水及宣曲胡骑。[1]

《汉书》所记石德行事仅此。（见图二）[2]

武帝因不甘年老体衰而祈求长生，自然极其憎恨戾太子行巫蛊咒其速死，但即便太子被废，在两汉时期亦并无擅杀废太子之事[3]，今石德为戾太子首倡发兵作乱，显然是为保全自己身家性命而不顾太子、皇后的安危[4]，孤注一掷，更谈不上顾惜汉家宗庙社稷，岂有一丝一毫"宽厚长者"的风范？清人易佩绅对石德此举，有一个更为合理的评议：

> 石德之教太子者，悖逆也；太子之初欲归谢者，正也。德但当为太子设计以速达甘泉耳，或得达而死，或不得达而死，皆听之耳。必欲为不死之计，则陷于恶矣。嗟乎！有江充为其父谋，即有石德为其子谋（德勇案：如上所述，实际上是为他

{1} 《汉书》卷六六《刘屈氂传》，页2881。

{2} 周晓陆《二十世纪出土玺印集成》（北京，中华书局，2010）之《谱录》第三章第三—SY—0249号，页192。案这一印章的主人当然未必是此太子少傅石德，其究竟属于何人，现在已经无从考核，唯因太子少傅石德事迹过于鲜少，故附此以见似此姓名，在当时或可行用这一类玺印。

{3} 参见清赵翼《廿二史札记》卷四"东汉废太子皆保全"条，页96—97。

{4} 案关于卫皇后之死，田余庆《论轮台诏》一文曾有论述［见《秦汉魏晋史探微（重订本）》，页38］云："褚补《史记·外戚世家·钩弋夫人》谓：'诸为武帝生子者，无男女，其母无不谴死。'可见卫皇后之死为必然，只是时间迟早而已。"实则武帝后来欲立刘弗陵（昭帝）而先杀赵婕妤，本是有惩于卫后此番挟戾太子发动政变一事，因果关系，似正颠倒。

> 自己谋求生路)。凡君臣父子之间人欲深而天性薄者，皆必至于是也。[1]

这不仅是易佩绅一个人的看法，清人申涵煜对石德也有同样的评价：

> 戾太子之死，不死于江充而死于石德。太子欲自往甘泉，德乃劝以矫诏，以致称兵阙下，授首东湖。向使得良师傅，何遽至此哉！[2]

作为寻常官吏来说，像这样评议或许还稍嫌过苛。不过，要是以“宽厚长者”的标准来判断，易佩绅和申涵煜两人对他的要求，恐怕也是合情合理的（尽管所谓太子欲自往甘泉申说事亦当出自《汉武故事》，不尽可信，但石德怂恿太子起兵，自属“教其悖逆”，绝非“良师傅”所宜为者）。

审读《汉书》相关记载，我们可以看到，在戾太子身边，不仅看不到“宽厚长者”附从于身后的迹象，反倒是因戾太子招致诸多歹人，从而给他制造了致命的麻烦。《汉书·戾太子传》载其“及冠就宫，上为立博望苑，使通宾客，从其所好，故多以异端进者”[3]。其中缘由，乃如唐人李德裕所说，似汉武帝此等举措，“始皆欲招

{1} 清易佩绅《通鉴触绪》卷八，页6a。

{2} 清申涵煜《通鉴评语》（清光绪五年定州王氏谦德堂刊《畿辅丛书》本）卷一“石德”条，页12b—13a。

{3} 《汉书》卷六三《戾太子传》，页2741。

贤人，而天下贤人少，小人多；贤人难进，小人易合。难进者鸿冥，易合者胶固矣”[1]。众宾客“以异端进”使太子据得以“从其所好”，这显示出戾太子绝非《通鉴》所说“性仁恕温谨”或是“敦重好静”之人。

昔全祖望因有学生询问“《戾太子传》以宾客多异端归咎于博望苑之立，盖以为巫蛊张本也。巫蛊既是江充之诬，则于戾太子何与乎？异端之说似乎成败论人矣”，从而回答说：“戾园始终不见有宾客生事者，其后起兵，亦只一石德主谋，石德谓之不学无术则可，谓之异端则非也，此为史臣之附会无疑。”[2]全祖望这种说法，似乎不尽适宜，乃是曲意回护戾太子的过失。盖江充在戾太子宫中掘得桐木蛊人，石德故意为戾太子开脱，称“不知巫置之邪？将实有也？无以自明”，而戾太子并没有当面否认他有埋藏桐人的举措，这就说明他以桐木人偶诅咒汉武帝速死，当属事实。后来在本始元年，宣帝下令为其祖父议定谥号，当时系本着“谥者行之迹”的原则，定为“戾”字；其后八年，又“尊戾夫人曰戾后”[3]。按照所谓周公谥法，乃“不悔前过曰戾”[4]。戾太子先行巫蛊，再继以兵戎犯上，正符合所谓“不悔前过曰戾”的特征，这也可以从侧面证明，戾太子确实有过施行巫蛊的行为。那么，石德上述做法，

[1] 宋李昉等《文苑英华》（北京，中华书局，1966，集配影印宋、明刻本）卷七四八唐李德裕《宾客论》，页3912—3913。

[2] 清全祖望《经史问答》卷一〇，页6a。

[3] 《汉书》卷八《宣帝纪》，页242；又卷六三《戾太子传》，页2748—2749。

[4] 《史记》卷末附张守节《史记正义》之《谥法解》，页30。

岂不正符合“以异端进者”的行为特征？戾太子起兵后，“遂部宾客为将率，与丞相刘屈氂等战”[1]，以及上引《汉书·刘屈氂传》所记“太子亦遣使者挢制赦长安中都官囚徒，发武库兵，命少傅石德及宾客张光等分将”，“宾客张光”以及其他被戾太子任为“将率”的“宾客”，同样也都应该是博望苑中罗致的“宾客”，而其公然率兵反叛，与当朝皇帝对阵交兵，又非“异端”而何？

唐人吕温论戾太子事，以为“向使太子师友尊严，左右端肃，虽江充之诈，岂敢以不义而加之耶？向使太子孝德彰闻，仁声茂著，虽武帝之惑，岂遽以大逆而疑之耶？向使太子早服师训，少知教义，岂忍一朝之忿弃其亲而忘其身耶？——由是言之，其所以陷于此者，渐矣。”[2] 即谓从身边的师友，到戾太子自身，都不是《通鉴》所说仁恕宽厚之人，这种评价，应当更符合历史的本来面目。

阎步克在证明所谓“宽厚长者皆附太子”一事时，还特别提到戾太子“私问《穀梁》而善之”的情况，以为这是戾太子接受儒家经典教育的重要内容[3]。受此启发，陈曦复撰文指出，戾太子由此而“立足于《穀梁传》，形成了与汉武政治色彩不同的‘守文’思想”[4]。戾太子“私问《穀梁》而善之”一事，载录于《汉书·儒林传》，乃谓“上因尊《公羊》家，诏太子受《公羊春秋》，由是《公

{1} 《汉书》卷六三《戾太子传》，页2743；又卷六六《刘屈氂传》，页2881。

{2} 宋李昉等《文苑英华》卷七八八唐吕温《望思台铭并序》，页4165—4166。

{3} 阎步克《汉武帝时“宽厚长者皆附太子”考》，刊《北京大学学报》1993年第3期，页122。

{4} 陈曦《戾太子“私问〈穀梁〉而善之”发覆》，刊《浙江师范大学学报》2008年第2期，页49—52。

羊》大兴。太子既通，复私问《穀梁》而善之”[1]。这与独见于《通鉴》的其他一些史事不同，假若果然如陈氏所说，似乎可以证实戾太子确实有着与汉武帝不同的思想意识，其父子之间各自秉持不同的治国理念并因此而产生两条路线的斗争，看起来好像也就是顺情合理的事情了。

今案《汉书·儒林传》谓戾太子“私问《穀梁》而善之”，这在《戾太子传》中也有相应的记载，乃谓戾太子“少壮，诏受《公羊春秋》，又从瑕丘江公受《穀梁》，及冠就宫，上为立博望苑”[2]。与《儒林传》的记载相对照，可知戾太子之“私问《穀梁》”，当在其既通《公羊》之后、举行成人的冠礼之前。戾太子何时举行这一仪式，《汉书》没有明确记载，但继武帝之后即位的昭帝，举行此礼，是在十八岁的时候[3]，戾太子的情况，应当大致与之相仿。小小年纪，他能否一问《穀梁》即为其系统的思想观念所折服，这未免令人疑惑。

《公羊》与《穀梁》两传，本同源异流，宋人叶梦得比勘二传异同云：“二学本不甚相远，同者十八九，异者亦或更相窃取而附益之。”[4] 故清人许桂林尝“疑《公羊》《穀梁》二传为一人所述，其书彼详此略，异同互存，似属有意。……《穀梁》似以《公羊》

---

[1] 《汉书》卷八八《儒林传》，页3617。

[2] 《汉书》卷六三《戾太子传》，页2741。

[3] 《汉书》卷七《昭帝纪》，页229。

[4] 宋叶梦得《春秋考》（清中期广东翻刻《武英殿聚珍版书》本）卷三《统论》，页30b。

为外传”[1]。实际上应如清人陈澧所说，这是因为《穀梁传》晚出于《公羊传》，其“研究《公羊》之说，或取或不取，或与己说兼存之，其传较《公羊》为平正者以此也”[2]，即在《公羊传》基础上进一步讲说《春秋》大义，对《公羊传》所说，既有沿承，也有变易，二者并非截然对立的思想学说。（见图三、图四）

关于《公羊传》与《穀梁传》之间的区别，清末人皮锡瑞曾概括论述说：“《春秋》有大义，有微言。大义在诛乱臣贼子，微言在为后王立法，惟《公羊》兼传大义微言，《穀梁》不传微言，但传大义。”[3]大义与微言并重的《公羊传》，源出于战国的齐学，独重大义而不传微言的《穀梁传》则源自鲁学。相比之下，《穀梁传》的思想倾向，更为接近后世所说清正纯粹的儒学。

若是结合汉代政治，谈一点很不成熟的看法的话，大略言之，《公羊传》最适合援经义以饰治术，所以被兴事开衅不遗余力而又阳慕儒术的汉武帝所利用[4]，但权宜之说太多，不宜用作系统的制度性建设。《穀梁传》因其晚出于《公羊》，故阐释经义要比《公羊传》严密、齐整，尤详于礼制，因而在宣帝以后一段时期内，得以兴盛一时。汉宣帝的旨意，乃是要对以礼制为核心的制度，从事建

{1} 清许桂林《春秋穀梁传时月日书法释例》（清道光原刻本）卷首《总论》，页5a、7a。

{2} 清陈澧《东塾读书记》（清后期初刻试印本）之《春秋》部分（案此本尚未排定卷次页码）。

{3} 清皮锡瑞《经学通论》（北京，中华书局，1954）卷四“论穀梁兴废及三传分别”条，页18—19。

{4} 清方苞《史记注补正》（清康熙嘉庆间桐城方氏刊《抗希堂十六种》本），页71b—72a。

设。稍后刘向援据《穀梁传》以说灾异，实际上也是要将天人感应之事加以制度化，使之更有规律可循，改变《公羊》家的随意性。然而与更晚通行于世的《左传》相比，《穀梁传》依旧主观性太强，臆想者太多。因而，当如何进一步建设汉家政治制度被提上议事日程的时候，《左传》便应时而出，《周官》等古文经亦随之兴起。因《左传》较诸《穀梁》更为信实可稽，王莽便借此托古改制，从而也就结束了《穀梁传》承上启下的政治招牌意义，转而式微于世。至东汉，几乎再无传习《穀梁传》的名家，此读《后汉书·儒林传》即可清楚知悉。

至于今人对《公羊》《穀梁》二传思想内涵的分析，也有许多说法，通常以为《穀梁传》较《公羊传》更为崇尚礼治和仁德，主张尊尊亲亲、正定名分等。陈曦在论述这一问题时，即认为《穀梁传》中有《公羊传》所不具备的"民本意识"和"亲亲之道"。陈氏以为，正是这样的观念，成为"戾太子思想的重要元素，反对汉武帝征伐四夷的开边政策以及用法严苛的血腥政治则构成他评判武帝政治的主要内容"，而且"戾太子继承了《穀梁传》维护君臣大义的思想。他长期恪守为臣之道，尽管与汉武帝持有不同政见，却能以其忠孝之行而深为汉武帝信赖，这应该说是戾太子得以长期保有太子之位的一个重要原因"[1]。这样的认识，当然都是以《资治通鉴》的记载作为支撑，假若暂且把《通鉴》中的相关记载作为

---

〔1〕 陈曦《戾太子"私问〈穀梁〉而善之"发覆》，刊《浙江师范大学学报》2008年第2期，页51。

一项有待验证的史料，回过头来，再看陈曦这些论述，也就成为一种毫无根据的猜想了。若是考虑到戾太子信用博望苑中那些“异端”歹人，以及施行蛊术诅咒君父速死，乃至公然起兵反叛这些大逆不道的行为，陈曦所论就更是与事实截然相反的杜撰了。

清乾隆时人顾栋高论研治经书事尝云：“学者读经，须具史识方可。”[1] 其实，让我们回到这位少年太子当时的生存环境，对他“私问《穀梁》而善之”一事，或许能够找到更为切近的解释。

《汉书·外戚传》记载，戾太子母卫子夫被立为皇后之后“七年，而男立为太子，后色衰，赵之王夫人、中山李夫人有宠，皆蚤卒，后有尹婕妤、钩弋夫人更幸”[2]。戾太子刘据出生于元朔元年（前128），被立为太子在元狩元年（前122），当时的年龄为七岁；至元狩六年，戾太子十二岁时，“赵之王夫人”所生的儿子刘闳与另一“李姬”所生的儿子刘旦、刘胥同日受封为诸侯王（刘闳受封为齐王），而史称“闳母王夫人有宠，闳尤爱幸，立八年，薨”[3]。这一年，戾太子应为二十岁。这也就意味着在戾太子十八岁成人之前“私问《穀梁》而善之”的时候，他正处于母亲卫皇后遭受汉武帝冷落而异母弟刘闳深得宠幸的环境之中。特别需要注意的是，汉武帝“年二十九乃得太子”，而在元朔元年戾太子生后随即尊立卫子夫为皇后之前两年的元光五年（前130），汉武帝原有的陈皇后，

---

[1] 清顾栋高《尚书质疑》（清道光丙戌眉寿堂写刻本）卷上“编年起于《尚书》论”，页20a。

[2] 《汉书》卷九七上《外戚传》上，页3950。

[3] 《汉书》卷六《武帝纪》，页169、174；又卷六三《武五子传》，页2741、2749。

刚刚由于卫子夫博得汉武帝宠爱而被废黜，退居长门冷宫[1]。前车之鉴未远，不管是卫皇后，还是戾太子，都很有可能同样遭遇被废黜的危险。

田余庆在论述轮台诏书的历史意义时，称“卫太子宠衰主要是由于他的才能志向不能称武帝开边兴利之意”[2]，这当然是以前面引述的《资治通鉴》的记载为依据，而司马光在尚未考虑编著《资治通鉴》的仁宗庆历五年（1045），在评议汉武帝对待戾太子的态度时，本来清楚指出过，在这之后未久，戾太子就实实在在地落入了随时会被废除储位的凶险境地：“钩弋夫人之子十四月而生，孝武以为神灵，命其门曰‘尧母’。当是时，太子犹在东宫，则孝武属意固已异矣。是以奸臣逆窥上意，以倾覆冢嗣，卒成巫蛊之祸，天下咸被其殃。然则人君用意，小违大义，祸乱及此，可不慎哉！”[3]

事实上，只要不带任何预设模式地客观对待《史记》《汉书》的相关记载，恐怕只能得出这样的结论。被田余庆指为认同《资治通鉴》所记汉武帝与戾太子间路线斗争关系的朱熹，在具体论述这一问题时，同样以为“男女有别，然后父子亲。汉武帝溺于声色，游燕后宫，父子不亲，遂致戾太子之变，此亦夫妇无别而父子不亲之一证。语在《戾太子传》，可检看”[4]。这也就意味着按照司马光在

{1} 《汉书》卷六三《戾太子传》，页2741；又卷九七上《外戚传》上，页3948—3949。

{2} 田余庆《论轮台诏》，据《秦汉魏晋史探微（重订本）》，页34—37。

{3} 宋司马光《司马光集》（成都，四川大学出版社，2010）卷七三《史赞评议》之“戾太子败”条，页1473—1474、1477。

{4} 宋朱熹《晦庵先生朱文公文集》卷六四《答林易简》，页3114。

仁宗庆历五年时原有的看法，后来成为昭帝的刘弗陵甫一出生，汉武帝就萌生了废黜戾太子而令其取而代之的意图，而这正是田余庆不以为然的后宫争宠所造成的结果，与戾太子的治国理念是否契合，于汉武帝本人没有丝毫关联，确实看不到“历史的深度”。有意思的是，这段话后来经过修饰，仍被写入《资治通鉴》的议论当中，书作：“为人君者，动静举措不可不慎，发于中必形于外，天下无不知之。当是时也，皇后、太子皆无恙，而命钩弋之门曰‘尧母’，非名也。是以奸人逆探上意，知其奇爱少子，欲以为嗣，遂有危皇后、太子之心，卒成巫蛊之祸，悲夫！”{1}这样的认识，与前述《资治通鉴》称汉武帝因戾太子“性仁恕温谨”而心生厌意的说法，存在明显的冲突，实际上是司马光早期看法的残留，而这时由于尚未更加深切、系统地考虑铸史为鉴，所做评议也比较符合客观实际。

《春秋》以鲁隐公的纪事为开端，而关于隐公与后来杀掉隐公并袭夺其位的桓公之间的身份地位关系，是研读《春秋》三传者共同关注的一个重要问题。隐公与桓公的身份地位关系，本来并不复杂，此可概见于《史记·鲁周公世家》：

> 惠公卒，长庶子息摄当国，行君事，是为隐公。初，惠公适夫人无子，公贱妾声子生子息。息长，为娶于宋。宋女至而好，惠公夺而自妻之，生子允。登宋女为夫人，以允为太

{1} 宋司马光《资治通鉴》卷二二汉武帝太始三年正月，页723。

子。及惠公卒，为允少故，鲁人共令息摄政，不言即位。[1]

《春秋》纪事始于隐公登基摄政，记云“元年春，王正月”，一开篇就触及隐公与桓公的身份地位问题，而怎样叙述和评价这一史事，在《春秋》三传之间，则存在着明显的差别，对这一问题的看法也成为体现三传差别的重要标志。

下面让我们依成书时间先后，看看《春秋》三传的具体内容。《左传》述曰：

> 惠公元妃孟子，孟子卒，继室以声子，生隐公。宋武公生仲子，仲子生而有文在其手，曰“为鲁夫人”，故仲子归于我。生桓公而惠公薨，是以隐公立而奉之。
>
> …………
>
> 不书即位，摄也。[2]

《公羊传》述曰：

> 元年者何？君之始年也。春者何？岁之始也。王者孰谓？谓文王也。曷为先言王而后言正月？王正月也。何言乎王正月？大一统也。公何以不言即位？成公意也。何成乎公之意？公将平

{1} 《史记》卷三三《鲁周公世家》，页1528—1529。

{2} 《左传》隐公元年，据晋杜预《春秋经传集解》（上海，上海古籍出版社，1988）卷一，页1—4。

> 国而反之桓。曷为反之桓？桓幼而贵，隐长而卑，其为尊卑也微，国人莫知。隐长又贤，诸大夫扳隐而立之。隐于是焉而辞立，则未知桓之将必得立也。且如桓立，则恐诸大夫之不能相幼君也。故凡隐之立，为桓立也。隐长又贤，何以不宜立？立适以长不以贤，立子以贵不以长。桓何以贵？母贵也。母贵则子何以贵？子以母贵，母以子贵。[1]

与上述两传相比，《穀梁传》的情况，要稍微复杂一些。

由于《穀梁传》是我们在这里要讨论的核心内容，需要借助前人注解，以便更为准确地理解《穀梁传》的含义，而从东晋范宁的《春秋穀梁传集解》，到清人柳兴恩在道光年间刊行的《穀梁大义述》、钟文烝在同治年间写成的《春秋穀梁经传补注》，再到光绪年间廖平名噪一时的《穀梁古义疏》，实际上都没有能够很好地体现《穀梁传》的古义。阐释西汉时期《穀梁》之学最好的著述，应属民国二十四年（1935）印行的柯劭忞著《春秋穀梁传注》（此为作者最终修改定本，列为"柯劭忞先生遗著第一种"，此前有民国十六年铅印本，本非定本，且手民误植殊甚，山东大学出版社在2011年出版的《山东文献集成》第一辑，以及台北文听阁图书有限公司在2008年出版的《民国时期经学丛书》第二辑，都是依据此首次铅印本影印行世，《山东文献集成》且将版本误标为"民国

---

[1] 《公羊传》隐公元年，据汉何休《春秋公羊经传解诂》（北京，北京图书馆出版社，2003，影印国家图书馆藏南宋绍熙二年余仁仲万卷堂刻本）卷一，页1a—2b。

二十四年北京大学研究院文史部排印本”，差误尤为严重）。因此，在这里即依据柯劭忞《春秋穀梁传注》本移录《穀梁传》相关内容并同时附注柯劭忞的注语：

> 虽无事必举正月〔柯氏注：元年之正月，非元年则无事不书正月〕，谨始也〔柯氏注：谨隐不自正之始。凡曰谨，皆恶隐让桓。曷谓恶？隐失子道之正，正月所以正隐。《说苑》：《春秋》之义，有正春者无乱秋，有正君者无危国。《易》曰：建其本而万物理，失之毫厘，差以千里，是以君子贵建本而重立始。劭案：隐不自正，所谓无正君者，宜其为乱贼所弑矣〕。公何以不言即位〔柯氏注：隐自居于摄，旧史宜不书即位，君子因之。位者，子受于父，诸侯受于天子。春秋之诸侯，皆无天子之命而自立者，君子不书即位，以为《春秋》无诸侯也。故其事为隐之让桓，其义则为无天子之命不应即位也。《春秋》推见至隐，斯其隐之义矣。然传曰为子受之父，为臣受之君，固显言之〕？成公志也〔柯氏注：隐遇弑，让桓之志不成，故不言即位以成之〕。焉成之？言君之不取为公也。君之不取为公何也？将以让桓也。让桓正乎？曰不正〔柯氏注：立適之外，立子以贵不以长，乃《公羊》之义，若传义，则诸侯不再娶，声子与仲子均不得为夫人，隐、桓俱非適子，宜从长幼之序。隐以兄让弟，不正明矣。郑比部杲说《春秋》有三正：兄弟天伦，一也；子受之父，二也；臣受之君，三也。三正必始于子道之正，子道失而三正俱失〕。《春秋》成人之美，不成人之恶〔柯氏注：凡经之大义，必曰《春秋》以崇之。范宁说不明让者之善，则取

> 者之恶不显〕。隐不正而成之何也？将以恶桓也。其恶桓何也？隐将让而桓弑之，则桓恶矣；桓弑而隐让，则隐善矣。善则其不正焉何也？《春秋》贵义而不贵惠〔柯氏注：惠，私恩也〕，信道而不信邪〔柯氏注：信、申古通用〕。孝子扬父之美，不扬父之恶。先君之欲与桓，非正也，邪也〔柯氏注：惠公再娶仲子，生桓公，仲子亦妾也。惠公嬖仲子，欲立其子〕，虽然，既胜其邪心以与隐矣〔柯氏注：隐为庶长子，惠不立世子，是与隐也〕，已探先君之邪志，而遂以与桓〔柯氏补注：凡曰已，皆恶之之词〕，则是成父之恶也〔柯氏注：此隐子道之所以失〕。兄弟天伦也〔柯氏注：长幼之序〕，为子受之父〔柯氏注：父卒，长子应立〕，为诸侯受之君〔柯氏注：受命于周〕。已废天伦而忘君父以行小惠，曰小道也〔柯氏注：范宁说隐为世子，亲受命惠公为鲁君，已受之天王矣。劭案：范失之。隐不为世子，亦未受命于王〕。若隐者，可谓轻千乘之国，蹈道则未也。[1]（见图五）

三传之间，相互比较，可见《左传》虽然也讲到“不书即位，摄也”，对《春秋》之义例有所阐发，但仍然只是说明客观事实，这与戾太子本人的处境，没有直接联系。再说当时《左传》尚未显现于世，戾太子无由得见其书，故与其如何看待《春秋》的经义当毫无关系。

但《公羊》与《穀梁》二传之间，在对待隐公与桓公的身份

---

[1] 柯劭忞《春秋穀梁传注》（北京，北京大学研究院文史部，1935，铅字排印线装本）卷一，页 1a—2a。

地位这一问题上，态度却截然对立。《公羊传》视隐公与桓公俱属庶出，而桓公母仲子为夫人，隐公母乃“贱人”，桓公子以母贵，故按照“立適以长不以贤，立子以贵不以长”的原则，以为“凡隐之立，为桓立也”。就戾太子当时的情况而言，虽然母亲还在皇后位置之上，但若考虑到此前陈皇后被废黜的事实和当前王夫人以及其子刘闳都颇得汉武帝宠爱的情况，皇后的位置自然随时有可能被改换，走马灯似地变换的后位，也就谈不上谁为嫡出、谁属庶子的问题了。到那时候，其异母弟刘闳就完全可以按照“立子以贵不以长”的原则，取代他成为太子。因此，在这一点上，戾太子绝不会喜欢《公羊传》的说法。

与此相反，按照《穀梁传》的解释，鲁隐公想要让位于桓公，本来有悖于《春秋》大义，盖“《春秋》贵义而不贵惠，信道而不信邪。孝子扬父之美，不扬父之恶”，依照诸侯不再娶的古礼，鲁惠公既然已先有“適夫人”（元妃）孟子，那么隐公母声子与桓公母仲子均不得为夫人，隐、桓二公便俱非適子，故宜从长幼之序，确定继嗣，隐公长而桓公幼，因而鲁惠公欲传位于桓公，本非正理。穀梁家这种观念，在后世学者看来，也最符合《春秋》固有的旨意。针对《公羊传》“桓幼而贵，隐长而卑”的说法，唐人赵匡即曾明确做出反驳，并指出若是依此行事将会造成非常严重的危害：“诸侯无二嫡，桓何得为贵？若然，是理可得而越，分可得而踰也。”与此同时，赵匡还抨击《公羊传》“子以母贵，母以子贵”的主张说：“案妾母不得为夫人，若得以子贵，即成风之赗葬不应有讥，而《公羊》经外妄生此文，遂令汉朝引以为证，首乱大法

〔汉哀帝云‘《春秋》之义，母以子贵’，遂尊定陶太后及丁姬，并为帝太后〕，良可惜哉！”[1]

本着穀梁家上述认识，既然惠公已经战胜其私心邪念而传位给隐公，隐公就不应该再“探先君之邪志，而遂以与桓”。若是依此经义来安排汉武帝身后的皇位继承序列，戾太子当时的处境是：要是把卫皇后视为“適夫人”，那么，无论汉武帝多么宠爱王夫人或是其他嫔妃，都没有理由更动他的太子地位；假若严格遵循所谓“诸侯不再娶”的礼制，那么，戾太子与齐王刘闳或是其他皇子，都属于庶出，犹如隐公之与桓公，在这种情况下，由于戾太子年纪最长，按照“兄弟天伦”，同样还是只能由他来继承帝位。

针对《穀梁传》上述论说，清人钟文烝在论述《穀梁传》主旨时，尝谓“正隐治桓，揭两字于卷首，则全书悉可知矣”。钟氏又云：“《春秋》始元终麟，止是正名而尽其辞，以明王道，此直揭全书本旨也。隐无正，唯元年有正，传曰‘谨始也’，所以正隐也。桓无王，唯元年有王，传曰‘谨始也’，所以治桓也。此特标开宗要义也。开宗之义，即冒全书，故孟子以《春秋》为乱后之一治，谓之天子之事，而引夫子知我罪我之言也。正名尽辞，以为之纲，正隐治桓，以弁其首，而《左氏》之三体五例、《公羊》之三科九旨，皆不足言矣。”[2]由此可见，关于隐公与桓公之继位在礼制上的

〔1〕 唐陆淳《春秋啖赵二先生集传辩疑》（上海，商务印书馆，1937，《丛书集成初编》排印《古经解汇函》本）卷一，页1。

〔2〕 清钟文烝《春秋穀梁经传补注》（北京，中华书局，1996）卷首钟氏自撰序文，页1；又卷首《论经》，页10。

合理性问题，也是整部《穀梁传》中的一个核心思想。因此，当戾太子私下里向瑕丘江公请教《穀梁传》的义理时，瑕丘江公首先向他讲述《穀梁传》开头这段重要内容，应该也是情理之中的事情，而《穀梁传》阐释的这些礼制，又正符合戾太子当时所期望的状态，他自然会觉得《穀梁传》讲说的经义要远比《公羊传》优长。

这样的推测，虽然也没有直接的文献依据，但揆诸事理，似乎会比陈曦的说法能更为切实一些。透过上述情况，至少我们可以看到，戾太子"私问《穀梁》而善之"，未必一定出于对《穀梁传》复杂思想体系的认同，并由此孕育出一种与乃父判然有别的治国理念，他很有可能只是在《穀梁传》中找到了切合自身利益的一种说法，而这恐怕更符合戾太子当时的年龄和心理状况。

以上论述表明，戾太子"私问《穀梁》而善之"这一记载，同样无法证明戾太子一定会持有《通鉴》所说的思想观念；《通鉴》承用《汉武故事》所记述的内容，亦依然无法取信于人。其实，就连司马光本人在《通鉴考异》中考述《汉武故事》的纪事时，也都清楚地指出"《汉武故事》语多诞妄"[1]，同时人晁载之更贬斥此书乃"操觚凿空，恣情迂诞"[2]，足见《汉武故事》的可信性确实存在非常严重的问题。

昔吕思勉论北魏所谓"立子杀母"一事之子虚乌有，尝有语

{1} 宋司马光《资治通鉴考异》卷一元光四年十二月晦"杀窦婴"条，页3。

{2} 宋晁载之《续谈助》卷一录题汉郭子横（案子横为两汉间人郭宪字）撰《洞冥记》（案一名《汉武别国洞冥记》）篇末跋语，页16。

云："一语既虚，满盘是假。"[1] 除去司马光取自《汉武故事》的记述之后，回到《汉书》等比较信实可据的原始文献记载当中，就再也找不到任何与之相应的史事，市村瓒次郎等人在此基础之上所做的论述，自然难以成立。

{1} 吕思勉《吕思勉读史札记》（上海，上海古籍出版社，2005）丙帙《魏晋南北朝》之"魏立子杀母"条，页916。案吕氏这一论述，系针对清人赵翼《廿二史札记》卷一三"《魏书》纪传互异处"这一条目（页264）所说"立子先杀其母之例实自道武始"而发，赵翼此说尚别见于所著《陔余丛考》（上海，商务印书馆，1957）卷一六"元魏子贵母死之制"条（页310—311）。实际上先于赵翼，明人朱明镐在《史纠》（北京，中华书局，1991，《丛书集成初编》排印《指海》丛书本）卷三"北史·胡灵太后传"条（页53—54）中本已正确指出，《魏书》中此一立子杀母之说并非实录，实则"不杀者故事，杀者非故事也"。

第四章

司马光对汉武帝晚年政治取向的重构

那么，在明知《汉武故事》一书存在严重问题的情况下，司马光为什么还偏偏要采录这些“诞妄”的记载呢？这一点殊为令人困惑，恐怕不会如明人王袆所说仅仅是“《通鉴》误取”这样简单。其实，关于《通鉴》的史事取舍，前人早就有过议论，如南宋时人胡寅，即谓“司马氏史学尤精，而《通鉴》去取有难喻者”[1]，说明骤然视之，着实不易得其要领。为准确回答这一问题，让我们先来看一看，前人是怎样评价司马光编著《资治通鉴》的材料取舍准则。

司马光撰著《资治通鉴》，虽然有着明确而又强烈的用世意图，却没有过分刻意地运用所谓《春秋》笔法，通过“书法”辞例来体现其褒贬意愿，而是重在史事的取舍剪裁，试图通过具体的

{1} 宋胡寅《致堂读史管见》（北京，北京图书馆出版社，2004，《中华再造善本》丛书影印宋嘉定十一年衡阳郡斋刻本）卷二六《唐纪·懿宗》，页9b。

史事，来说明其国策人格的是非高下，此亦遵循孔夫子所说“我欲载之空言，不如见之于行事之深切著明也”[1]。当然，从另外角度来说，《通鉴》记述战国以来一千三百多年间史事，纷繁复杂，事实上恐怕也很难确定通例。

问题是司马光取舍剪裁史事以体现自己政治理念的具体做法，颇有失当之处。例如，田余庆赏誉之为“深谙司马光的学识”的朱熹，即曾指出司马光径以己意摒弃旧史纪事的问题，说：“温公修书，凡与己意不合者，即节去之，不知他人之意不如此。《通鉴》此类多矣。”[2]具体来说，譬如其比较明显的一种去取倾向，乃“温公不喜权谋，至修书时颇删之”，朱熹不禁为之感叹云：“奈当时有此事何？只得与他存在。若每处删去数行，只读着都无血脉意思，何如存之，却别做论说以断之。”[3]朱子复有语云，此等“温公好恶所在”，皆“著其事而立论以明之可也，岂可以有无其事为褒贬？”[4]。有些不合司马光心意的史事，虽然也被载录《通鉴》当中，但这只是出于某种资以鉴戒的特殊需要。例如，史载在全书

{1} 《史记》卷一三〇《太史公自序》，页3297。

{2} 宋黎德靖编《朱子语类》卷一三四《历代》一，页3205。

{3} 宋黎德靖编《朱子语类》卷一三四《历代》一，页3204。

{4} 宋黎德靖编《朱子语类》卷一三四《历代》一，页3204。案在这一点上，协助司马光撰著《通鉴》秦汉部分的刘攽所持看法，似乎与司马光略有不同。刘攽曾专门阐释其史学见解云：“古者为史，皆据所闻见实录事迹，不少损益有所避就也，谓之传信。惟仲尼作《春秋》，乃讳国恶耳。夫《春秋》圣人所特作，以见一王之法，不当引为史例。然其讳国恶，犹但使显者隐之，大者微之，率皆有文以起焉，不昧昧都为藏匿，使不可知也。”说见刘攽《彭城集》（上海，商务印书馆，1935，《丛书集成初编》排印《武英殿聚珍版书》本）卷二七《与王深甫论史书》，页373。

修纂告成之前的熙宁元年二月十一日，司马光于“延英进读《通鉴》三叶毕，上更命读一叶半。读至苏秦约六国从事，上曰：‘苏秦、张仪掉三寸舌，乃能如是乎？’光对曰：‘秦、仪为从横之术，多华少实，无益于治。臣所以存其事于书者，欲见当时风俗专以辨说相高，人君委国而听之，此所以谓利口之覆邦家者也。’……上曰：‘卿进读每存几谏。’光对曰：‘非敢然也，欲陈著述之本意耳。’”{1}（见图七）{2}

司马光这种率以己意取舍史料的倾向，在动手撰修《通鉴》以前，就一直存在。如其尝撰《史剡》，谓“愚观前世史，有存之不如其亡者”，故作此书。书中论及萧何营建未央宫事云：

> 萧何作未央宫。高祖见宫阙壮甚，怒。何曰：“天下方未定，故可因遂就宫室。且天子以四海为家，非壮丽无以重威，且无令后世有以加也。”高祖乃说。
>
> 剡曰：是必非萧何之言。审或有之，何恶得为贤相哉！天下方未定，为之上者拊循煦妪之不暇，又安可重为烦费以壮宫室哉？古之王者，明其德刑而天下服，未闻宫室可以重威也。创业垂统之君，致其恭俭以训子孙，子孙犹淫靡而不可禁，况示

{1}　宋朱熹《三朝名臣言行录》（上海，商务印书馆，民国《四部丛刊初编》纸皮洋装缩印海盐张氏涉园藏宋刻本）卷七《丞相温国司马文正公》，页163—164。宋王应麟《玉海》（南京，江苏古籍出版社，1988，影印清光绪浙江书局刻本）卷二六《帝学》之“熙宁读《资治通鉴》”条，页528—529。

{2}　取自任继愈主编《中国国家图书馆古籍珍品图录》（北京，北京图书馆出版社，1999）之《资治通鉴残稿》，页12—13。

之以骄侈乎？孝武卒以宫室糜弊天下，恶在其无以加也？是皆庸人之所及，而谓萧相国肯为此言乎？[1]

着手编著《通鉴》以后，司马光又明确谈到，只要“新义胜旧义，新理胜旧理”，则“史有记录之害义者，不可不正”[2]。这种过分强烈的主观价值取舍，难免会歪曲历史的本来面目。所以，当有门生向朱熹请教“《班史》与《通鉴》二氏之学如何”时，朱熹耐人寻味地回答说：“读其书自可见。”[3] 至少就《通鉴》西汉部分纪事的写法而言，朱熹显然不甚满意[4]。

过去钱穆向学生教授阅读《通鉴》的方法，谓“善读《通鉴》者，正贵能在其删去处添进处注意，细看他删与添之所以然，才能了解《通鉴》一书之大处与深处”，此语堪称真诀金针，诚深有心得之言，唯令人稍感遗憾的是，钱氏在具体阐释其应用对象时，乃特别强调说：“然而真讲起来，他所更重要的还是在删掉史料方面。”对司马光着意“添进”《通鉴》里面的内容，并没有给予切实的关注[5]。其实我们今天阅读《通鉴》，更为需要注意的问题，还不是司

{1} 宋司马光《司马光集》卷七四《史剡》之《史剡序》，页1495；又“萧何营未央宫”条，页1500。

{2} 宋司马光《司马光集》卷六三《答景仁书》，页1304—1305。

{3} 宋黎德靖编《朱子语类》卷一三四《历代》一，页3206。

{4} 案如同田余庆已经谈到的那样，单纯从阅读理解的技术角度而言，朱熹亦主张先读《史记》《汉书》等正史，再读《通鉴》，说见《朱子语类》卷一一《读书法》下，页195—196。田余庆说见《论轮台诏》，据《秦汉魏晋史探微（重订本）》，页57。

{5} 钱穆《中国史学名著》（北京，生活·读书·新知三联书店，2004）之《司马光〈资治通鉴〉》，页177—179。

马光出于自己的道义理念或关注重点而径行删除减省旧史某些纪事，而是他为体现自己的政治观念而采录了一些根本不该采录的著述，乃至荒诞不经的小说故事，有意以此来更改历史的本来面目。

关于司马光编著《通鉴》时对史料的可信性考辨不足的问题，本来朱熹就已经有所论列。如谓：

> 《孔丛子》亦伪书而多用《左氏》语者。……《孔丛子》叙事至东汉，然其词气甚卑近，亦非东汉人作，所载孔臧兄弟往还书疏，正类《西京杂记》中伪造汉人文章〔《西京杂记》之缪，《匡衡传》注中颜氏已辨之，可考〕，皆甚可笑。所言不肯为三公等事，以《前书》考之，亦无其实，而《通鉴》皆误信之。其它此类不一，欲作一书论之而未暇也。[1]

朱熹复谓读书治学，于“读书玩理外，考证又是一种工夫”，而《通鉴》误信《孔丛子》之说，“则考之不精甚矣”[2]。可见他对司马光编著《通鉴》时未能审慎辨析史料的可信程度即率然录而用之的做法，颇有微词。

像《孔丛子》这样的书籍，由于其形成过程的复杂性，现代有些学者，对其文字内容的质实性或许还会有不同看法，不过《通鉴》当中还采录有远比《孔丛子》荒诞许多的史料。关于这一点，

〔1〕　宋朱熹《晦庵先生朱文公文集》卷六六《孝经刊误》，页3212—3213。

〔2〕　宋朱熹《晦庵先生朱文公文集》卷五四《答孙季和》，页2538。

明人王袆在所著《大事记续编》中已经揭示过相关的情况。如《资治通鉴》记述汉成帝妃赵飞燕姊弟之事云：

> 初，许皇后与班婕妤皆有宠于上。上尝游后庭，欲与婕妤同辇载。婕妤辞曰："观古图画，贤圣之君皆名臣在侧，三代末主乃有嬖妾。今欲同辇，得无近似之乎！"上善其言而止。太后闻之，喜曰："古有樊姬，今有班婕妤！"班婕妤进侍者李平，得幸，亦为婕妤，赐姓曰卫。
>
> 其后，上微行过阳阿主家，悦歌舞者赵飞燕，召入宫，大幸；有女弟，复召入，姿性尤醲粹，左右见之，皆啧啧嗟赏。有宣帝时披香博士淖方成在帝后，唾曰："此祸水也，灭火必矣！"姊弟俱为婕妤，贵倾后宫。许皇后、班婕妤皆失宠。于是赵飞燕谮告许皇后、班婕妤媚道，祝诅后宫，詈及主上。冬，十一月，甲寅，许后废处昭台宫，后姊谒皆诛死，亲属归故郡。考问班婕妤，婕妤对曰："妾闻'死生有命，富贵在天'。修正尚未蒙福，为邪欲以何望！使鬼神有知，不受不臣之愬；如其无知，诉之何益！故不为也。"上善其对，赦之，赐黄金百斤。赵氏姊弟骄妒，婕妤恐久见危，乃求共养太后于长信宫，上许焉。[1]

王袆《大事记续编》在相关史事的"解题"下面就此评述说：

{1} 宋司马光《资治通鉴》卷三一汉成帝鸿嘉三年，页996—997。

> 淖方成之说，不见于汉史，而出于伶玄所撰《赵飞燕外传》，此后世伪书，不可取信，祸水之言，尤涉淫陋。[1]

案《赵飞燕外传》旧题"汉江都尉伶玄撰"。检核《汉书·外戚传》有关汉成帝后妃的记载，除了王祎所说这段淖方成讲祸水的话，其余纪事基本上都是取自《汉书》，而司马光《资治通鉴考异》卷一在"鸿嘉三年上微行过阳阿主家"条下释云："《五行志》作'河阳主'，伶玄《赵后外传》及荀《纪》亦作'河阳'，《外戚传》颜师古注曰：'阳阿，平原之县也，今俗书阿字作河，又或为河阳，皆后人所妄改耳。'今从之。"[2]所说《赵后外传》当即《赵飞燕外传》之别称，可见《通鉴》汉纪确实参考过此书。

《赵飞燕外传》这部书还不只是一般的"后世伪书"，也不仅如《四库提要》所说，"纯为小说家言，不可入之于史部"，以至将其降而列入"存目"[3]。王祎称"祸水之言，尤涉淫陋"，是因为书中内容主要是描述宫闱性事，堪称华夏第一情色读物。为清楚说明此书性质，兹移录其与"祸水"之说相关内容如下：

> 江都王孙女姑苏主嫁江都中尉赵曼，……（赵飞燕父冯万金）得通赵主，主有娠，……一产二女。……长曰宜主，次曰合德，

---

[1] 明王祎《大事记续编》卷四，页21b—22a。

[2] 宋司马光《资治通鉴考异》卷一"鸿嘉三年上微行过阳阿主家"条，页7。

[3] 清官修《四库全书总目》卷一四三《子部·小说家类存目》"飞燕外传"条，页1216。

然皆冒姓赵。宜主幼聪悟，家有彭祖方胍之书，善行气术，长而纤便轻细，举止翩然，人谓之飞燕。合德膏滑，出浴不濡，善音辞，轻缓可听。二人皆出世色。……家败。飞燕妹（姊）弟流转至长安，……与阳阿主家令赵临共里巷，托附临。屡为组文刺绣献临，临愧受之，居临家，称临女。临常（尝）有女事宫省，被病归，死。飞燕或称死者。飞燕妹（姊）弟事阳阿主家为舍直。……飞燕通邻羽林射鸟者。飞燕贫，与合德共被。夜雪，期射鸟者于舍旁。飞燕露立，闭息顺气，体温舒，亡疹栗，射鸟者异之，以为神仙。

飞燕缘主家大人，得入宫，召幸。其姑妹樊嫕，为丞光司帝者，故识飞燕与射鸟儿事，为之寒心。及幸，飞燕瞑目牢握，涕交颐下，战栗不迎帝。帝拥飞燕三夕，不能接，略无谴意。宫中素幸者，从容问帝，帝曰："丰若有余，柔若无骨，迁延谦畏，若远若近，礼义人也，宁与女曹婢胁肩者比邪？"既幸，流丹浃藉。嫕私语飞燕曰："射鸟者不近女邪？"飞燕曰："吾内视三日，肉肌盈实矣。帝体洪壮，创我甚焉。"飞燕自此特幸后宫，号赵皇后。帝居鸳鸯殿便房，省帝簿，嫕上簿。嫕因进言："飞燕有女弟合德，美容体，性醇粹可信，不与飞燕比。"帝即令舍人吕延福，以百宝凤毛步辇迎合德。……合德新沐，膏九回沉水香。为卷发，号新髻；为薄眉，号远山；黛施小朱，号慵来妆；衣故短，绣裙，小袖，李文袜。帝御云光殿帐，使樊嫕进合德。合德谢曰："贵人姊虐妒，不难灭恩受耻。不爱死，非姊教，愿以身易耻，不望旋踵。"音词舒闲清切，左右嗟赏之啧啧。帝乃归合德。宣帝时披香

> 博士淖方成，白发教授宫中，号淖夫人，在帝后唾曰："此祸水也，灭火必矣！"帝用樊嫕计，为后别开远条馆，赐紫茸云气帐，文王（玉？）几，赤金九层愽山缘合。嫕讽后曰："上久亡子，宫中不思千万岁计邪？何不时进上，求有子？"后德嫕计。是夜进合德，帝大悦，以辅属体，无所不靡，谓为温柔乡。谓嫕曰："吾老是乡矣，不能效武皇帝求白云乡也。"嫕呼万岁，贺曰："陛下真得仙者。"上立赐嫕鲛文万金锦二十四匹。合德尤幸，号为赵婕妤。[1]

常语云"每下愈况"，让我们再来看看文中其他情色描写，如：

> 婕妤益贵幸，号昭仪。……帝尝蚤猎，触雪得疾，阴缓弱，不能壮发，每持昭仪足，不胜至欲，辄暴起。昭仪常转侧，帝不能长持其足。樊嫕谓昭仪曰："上饵方士大丹，求盛大，不能得；得贵人足，一持畅动，此天与贵妃大福，宁转侧俾帝就邪？"昭仪曰："幸转侧不就，尚能留帝欲，亦如姊教帝持，则厌去矣！安能复动乎？"……帝病缓弱，大（太）医万方不能救，求奇药，尝得昚恤胶，遗昭仪，昭仪辄进帝。一丸一幸一夕。昭仪醉，进七丸，帝昏夜拥昭仪，居九成帐，笑吃吃不绝。抵明，帝起御衣，阴精流输不禁，有顷绝倒。裒衣视帝，余精出涌，沾污被内。须臾，帝崩。[2]

{1} 旧题汉伶玄撰《赵飞燕外传》（长春，吉林大学出版社，1992，影印明万历新安程氏刊《汉魏丛书》本），页745。

{2} 旧题汉伶玄撰《赵飞燕外传》，页746。

看了上面的内容，也就难怪清嘉道间人周中孚曾感叹说，《赵飞燕外传》“其文固不类西汉体，其事亦不能为外人道也。在文士展转援引，本属常事，而司马公反引其最纰缪之语以入史籍，则失考之甚矣”[1]！我想绝大多数《通鉴》的读者都会像周中孚一样，为司马光采摘这种“不能为外人道”的情色读物作史料而惊诧不已。

王祎对司马光采录《赵飞燕外传》这一谬误的批评，在明代后期，有胡应麟亦秉持同样看法，感叹其事“诚怪”[2]；在清代，不仅如上所述，得到了周中孚的认同，在周氏之前，乾隆年间纂修《四库全书》时，四库馆臣亦完全采纳了这一见解，以为其“考证辨别，皆为不苟”[3]。后来袁枚也曾举例指出：“杨妃洗儿事，新、旧《唐书》皆无之，而《通鉴》乃采唐人小说《天宝遗事》以入之，岂不知《天宝遗事》载张嘉贞选郭元振为婿，年代大讹，何足为信史耶？”[4]因而，这种情况理应引起后世学者重视，审慎对待其源出于正史等基本史料之外的记述，对其可信性有所警觉。

{1} 清周中孚《郑堂读书记》（上海，商务印书馆，1937，《万有文库》本）卷六三《子部》之“飞燕外传”条，页1243—1244。

{2} 明胡应麟《少室山房笔丛》（上海，上海书店出版社，2001）卷三二丁部《四部正讹》下，页317。

{3} 清官修《四库全书总目》卷四七《史部·编年类》“大事记续编”条，页429；又卷一四三《子部·小说家类存目》“飞燕外传”条，页1216。

{4} 清袁枚《随园随笔》（清嘉庆十三年刻本）卷三《诸史类》中卷“史家好言猥亵”条，页9a—9b。案清初人王夫之在《读通鉴论》中，对《通鉴》这一弊病，已经有所意识和论列，如《读通鉴论》（长沙，岳麓书社，1996，《船山全书》本）卷二六之“大中五年民起为盗由有司虐害”条（页1018）述云：“小说载宣宗之政，琅琅乎其言之，皆治象也，温公亟取之登之于策，若有余美焉。自知治者观之，则皆亡国之符也。”

然而，晚近以来，中国专门论述《通鉴》史料价值的学者，如崔万秋著《通鉴研究》、柴德赓之《资治通鉴介绍》等，不仅未能识及于此，而且还往往片面强调司马光别择史料精严不苟的一面，而完全没有提及《通鉴》以主观理念肆意取舍史料的做法。崔万秋《通鉴研究》称"《通鉴》仅采正史及稗官之可信者，且参考同异，别为《考异》，以辨正谬误"，"光自身对于修《通鉴》事，既'研精极虑，穷竭所有'，且'抉择隐幽，校计毫厘'，决不肯稍有假借"{1}。柴德赓《资治通鉴介绍》也认为"《通鉴》这部书之所以写得好，重要原因之一是它在材料的选择上很有分寸"；司马光对史料的选择"采取了负责任的态度"，所以其"选材基本上是正确的，是比较实事求是的"{2}。其他通论性史料学著述，如王树民《史部要籍解题》，也称赞《资治通鉴》的取材"在广博的基础上又极为精审，每一史实都是以严谨的态度，自多种史料中选定其最可靠者而从之"{3}。此等论著的流行，更容易蒙蔽读者只见其积极的一面，而完全不知道《通鉴》书中还有与其决然背戾的另一种面目。田余庆以为"古今史界公认"《通鉴》取舍资料无征不信，且严谨不苟，恐怕也是受此谬说所累而产生的错误印象，实际上完全不符合历史实际。

{1}　崔万秋《通鉴研究》（上海，商务印书馆，1935，《国学小丛书》本）之《通鉴之批判·通鉴之信实》，页88—91。

{2}　柴德赓《资治通鉴介绍》（北京，求实出版社，1981）四《通鉴的编纂方法》，页37—38。案顾颉刚在所著《顾颉刚读书笔记》（台北，联经出版事业公司，1990）第一卷《侍养录》（一）之"《通鉴》不采俊伟卓异之说"条中（页129—130），亦谓司马光《资治通鉴》"颇能辨伪史"。

{3}　王树民《史部要籍解题》（北京，中华书局，1981）十五《资治通鉴》，页162。

相比之下，日本学术界的情况，就要比中国好很多。前述市村瓒次郎的《东洋史统》初版印行是在昭和十四年亦即 1939 年 12 月，但在此前很久，内藤虎次郎在大正年间的授课讲义中，已经专门论述过《资治通鉴》编纂过程中的主观取舍倾向问题。在内藤氏去世十五年以后的昭和二十四年，亦即 1949 年，相关讲稿以《支那史学史》为题，正式出版发行，在日本东洋史学界，产生了更为广泛的影响（见图六）。内藤虎次郎在书中着重指出：

> 作为其著述思想的体现形式，与所谓“书法”相比，司马光更为注重史实。在这一点上，司马光与宋祁、欧阳脩等人有明显差异。……不过，在另一方面，司马光也有着与欧阳脩等人相似的著述思想，这也是当时的史学风尚。在“史略”性著述当中，像《册府元龟》这样的著述，尽管是杂陈类聚相关史事，但其择取材料的对象却很严整，即主要依据正史和实录，不取野史小说。与这种特色相反，《通鉴》巧妙地利用了野史小说，特别是时代比较晚近的唐朝的野史小说，由于存世数量众多，更被大量采用。就这一点而言，《通鉴》的编纂依然体现出与《新唐书》和《新五代史》同样的倾向。有人主张历史并非案牍和文书的排比，应当以某种象征性的观念作为主干，《通鉴》和《新唐书》就颇能体现这样的倾向。毋庸讳言，《通鉴》在这一点上往往会导致失误。例如，《通鉴》在记述汉成帝诏命赵飞燕姊妹入宫而对其加以宠爱的时候写道，宫中有披衣博士淖方成，称“此祸水也，灭火必矣！”此说出自《飞燕外传》，是六朝时代的小说。……采录

这一说法，就可以说是一个失误。不管怎么说，在实录和案牍之类的表面材料之外，试图通过野史小说来反映一个时代的内在生活，这是《通鉴》和《新唐书》共同的著述追求。[1]

内藤虎次郎谓《通鉴》在撰著宗旨上与欧阳脩的《新唐书》和《新五代史》一样，都是要竭力体现其个人的主观意念，他们同样大量采录野史小说，在很大程度上应是为更好地体现这种意愿，而宋人吴缜早已指出，欧阳脩《新唐书》的重大失误之一，便是“多采小说而不精择”[2]，司马光自然难免重蹈覆辙。

在编著《资治通鉴》的过程中，司马光明确要求他的助手，要在正史本纪志传这些基本史料之外，将“杂史、小说、文集尽检出一阅，其中事同文异者，则请择一明白详备者录之；彼此互有详略，则请左右采获，错综铨次，自用文辞修正之”。盖司马光取舍史事，特别强调“其实录、正史未必皆可据，杂史、小说未必皆无凭，在高明鉴择之”[3]。即使抛开司马光的政治意图不谈，这种貌似合理的说法，也存在很大问题。

清人赵翼撰《廿二史札记》，谓“家少藏书，不能繁征博采，以资参订。间有稗乘脞说与正史歧互者，由不敢遽诧为得间之奇。

---

[1] 内藤虎次郎《支那史学史》（东京，弘文堂，1949）第九章第4节《资治通鉴》，页262—263。

[2] 宋吴缜《新唐书纠谬》（北京，中华书局，1999，重印民国时上海古书流通处影印初印本）卷首吴氏自撰《新唐书纠谬序》，页540。

[3] 宋司马光《通鉴释例》（台北，台湾商务印书馆，1986，影印文渊阁《四库全书》本）之《温公与范内翰论修书帖》，页5b—6a。

盖一代修史时，此等记载无不搜入史局，其所弃而不取者，必有难以征信之处，今或反据以驳正史之讹，不免贻讥有识。是以此编多就正史纪、传、表、志中参互勘校，其有抵牾处，自见辄摘出，以俟博雅君子订正焉”[1]。同时人钱大昕赞誉赵翼此语，称“此论古特识，颜师古以来未有能见及此者矣”[2]，不知所说“颜师古以来”是否暗含有司马光修《通鉴》时大量援据“稗乘脞说”的做法。读到司马光上述论述，尚可清楚知悉，以纯客观的学术眼光来看，《通鉴》援用杂史小说之诸多失当，并非吴缜所说未加精择的问题，而恰恰是司马氏自以为“高明”地加以“鉴择”的结果，即为体现其政治期望而刻意为之，实可谓“别出心裁”。过去高敏曾经撰文指出，司马光在记述隋炀帝迁都洛阳的原因时，就是刻意择取唐初人杜宝所撰稗史《大业杂记》当中一些颇为片面的说法，而对《隋书·炀帝纪》和李吉甫《元和郡县图志》的正确记载视而不见，从而达到全面贬抑隋炀帝的目的[3]。

大概正是由于日本东洋史学者对《通鉴》材料取舍的主观性及其失误都逐渐具备了诸如内藤虎次郎这样的认识，所以，后来问世

[1] 清赵翼《廿二史札记》卷首赵氏自撰《廿二史札记小引》，页1。

[2] 清赵翼《廿二史札记》卷末附钱大昕序，页886。

[3] 高敏《关于隋炀帝迁都洛阳的原因》，刊中国社会科学院历史研究所魏晋南北朝隋唐史研究室编《魏晋隋唐史论集》第二辑（北京，中国社会科学出版社，1983），页254—268。参见宫崎市定《隋炀帝》（东京，中央公论社，1987）附《隋代史杂考·隋文帝被弑说》，页241—252。案高敏此文承北京大学历史系同事张帆教授提示，谨致谢意。又案孙永如《从史料学论〈资治通鉴·唐纪〉的撰修》一文，对司马光处理史料时“采取以我为用的方法，任意删取”这一情况，也曾有所论述。孙文刊《扬州师范学院学报》1988年第4期，页135—138。

的一些通论性秦汉史著述，例如西嶋定生和日比野丈夫等人分别撰著的同名书籍《秦汉帝国》，就都没有再沿承市村瓚次郎上述观点[1]，显示出他们并没有采信《资治通鉴》的记载。

如前所述，司马光本人对《赵飞燕外传》和《汉武故事》这样的小说故事“语多妄诞”并非缺乏了解，那么，他又为什么还要将其写入《通鉴》呢？这只能是如“资治通鉴”这一书名所示，编录旧史中“善可为法，恶可为戒，帝王所宜知者”[2]，用来警醒当政者，以期有资于世道人心。民国时张须撰著《通鉴学》一书，在赞誉司马光别择史料精严不苟的同时，亦特别指出，其于说部之书“大多存用者少，驳斥者多。其存用者，如秦王世民将诛建成、元吉，问计于李靖及绩，而二人皆辞，其事出刘悚《小说》，温公以其有补世教而取之。此在《考异》卅卷中，殆鲜相同之例，盖考证以外之事也”[3]。在我们今天看

---

[1] 西嶋定生《秦汉帝国》（东京，讲谈社，1974）第四章《武帝时代の外征と内政》之《神仙と巫蛊》，页235—247。案西嶋氏在此书卷末开列的“参考文献”当中，即包括市村瓚次郎的《东洋史统》在内。日比野丈夫、大庭脩、米田贤次郎合著《秦汉帝国》（东京，中央公论新社，2000）之《武帝の时代》《シルク·ロード开通》，页182—189、210—212。案日比野丈夫等人撰著的《秦汉帝国》初版于1966年，我在这里引用的新印本，卷末附有富谷至撰写的《解说》（页415—431），称誉此书是基于《史记》《汉书》等基本传世史料来研究秦汉史的实证史学的名著，足见其对相关史料应做过细致审辨。

[2] 宋李焘《续资治通鉴长编》（北京，中华书局，1985）卷二〇八英宗治平三年四月十八日辛丑录司马光应诏“编历代君臣事迹”时所上奏疏，页5050。

[3] 张须《通鉴学》（上海，开明书店，1948）第三章第九节《小说》，页72—74。案张氏讲述的道理虽然正确，但举述的这个例证却未必十分妥当。盖刘悚此书以“小说”为名，本出自作者自谦，实则所记史事尚比较可靠，有较高史料价值。说详黄永年《唐史史料学》（上海，上海书店出版社，2002）之《杂史杂说小说类》，页144。又案，此张须书承中国人民大学历史系张忠炜教授提示，谨志谢意。

来，“考证以外之事”云者，或即以私意构建史事之雅言饰语，此亦胡三省谓司马光着意“存之以示警”处，正是“后人不能尽知”的“微意”所在[1]。所谓“女祸”，是宫廷政治中最容易发生、而帝王需要时刻警惕的严重危险，“祸水灭火”之说，直接关系到江山社稷的存亡，触目惊心，亦生动异常，从而才被司马光用他非常自得的“高明”手法，强行采入书中。至于汉武帝是否“罪己悔过”，亦关系到根本国策的正误是非，特别是与宋朝的政治现实具有密切关系，同样也是需要费心处理的重要问题。

昔胡三省注《通鉴》，已经指出司马光针对唐代李德裕和李宗闵的党争问题而生发的有关“君子小人之不相容”的议论，乃是针对当时党派斗争的现实，“为熙（熙宁）、丰（元丰）发也”[2]。实际上，司马光在《资治通鉴》中体现其现实政见的形式，并不仅限于直抒己见的史论，而如同其贯穿全书的基本手法一样，更多的是把他的施政主张，寄寓于史事的记述之中，亦即所谓陈古证今。南宋时人林駉就曾列举具体证据，指出其中这样的一些事例：

> （《通鉴》）论曹参遵何之约束，正以箴熙宁大臣变法之失〔《日录》：熙宁三年，司马光传《通鉴》汉纪，至曹参代萧何为相，一遵何故事，因曰：何独汉也，道者万世无弊，使夏商周子孙常守禹汤文武之法，虽至今犹存也〕。论贾山所言从谏、拒

{1} 宋司马光《资治通鉴》卷首元胡三省《新注资治通鉴序》，页28。
{2} 宋司马光《资治通鉴》卷二四五唐文宗太和八年十一月元胡三省注，页7899—7900。

> 谏，正以讥熙宁大臣同己之非〔《日录》：熙宁三年，司马光读《通鉴》贾山上疏，因言从谏之美、拒谏之祸〕。苏秦之纵横谈说，本不足取也，存其事于书者，欲见当时辨说之覆邦家也〔《日录》：熙宁元年，光读《通鉴》至苏秦从约事，上曰："苏、张掉三寸舌，乃能如是乎？"光曰："秦、仪纵横，无益于治。臣存其事于书者，见当时辨说所谓覆邦家也。"〕。啬夫之辨给驰骋，亦不足道也，公之深辨而不释口者，欲使小人知利口之无益也〔《日录》：熙宁三年，读张释之论啬夫利口，光曰："孔子称利口之覆邦家，夫利口何至覆邦？盖人能以是为非，则君从其言，是则邦家之覆，诚不难矣。"时惠卿在坐，光专以此斥之〕。公之所论者，拳拳乎变更持守之异，拒谏从谏之别，私说正论之不相入，岂非有益于治道乎？[1]

如上文所见，林駉对司马光这种做法，是持赞赏的态度。田余庆在论述《资治通鉴》有关汉武帝与戾太子不同治国路线的记载时，也注意到司马光和刘攽基于当时的政治现实而对武帝之事功多有谴责，"非常欣赏汉武帝'晚而改过，顾托得人'，因而免蹈亡秦覆辙"，并与林駉一样，对这种做法表示认同[2]。而近人蒙文通的看法却恰恰相反，乃谓："温公之书，每訾短变法，毁斥用兵之类，盖亦以激于熙宁间事，翻为全璧之瑕，正不少

{1}　宋林駉《古今源流至论》（台北，台湾商务印书馆，1986，影印文渊阁《四库全书》本）前集卷二《通鉴》，页15b—16b。

{2}　田余庆《论轮台诏》，据《秦汉魏晋史探微（重订本）》，页57—59。

也。”[1] 正由于《资治通鉴》的取舍褒贬多直接针对宋朝的政治现实来做处置，司马光的用意几乎人所共知，北宋哲宗时新党干将蔡卞甚至曾一度想要“毁《资治通鉴》板”[2]。其后在南宋初年，坚决反对王安石新法的两浙转运使范冲（范祖禹之子），乃积极主持刻印《资治通鉴》。其书雕版垂成而范冲转迁离职，继任者王琮因政治立场与之截然相反，亦“指司马光为奸人，谓《通鉴》为邪说，必欲毁板，恐其流传”[3]。知悉司马光在当时政治环境下如此借古喻今，我们也就有理由推断，他刻意择取《赵飞燕外传》和《汉武故事》中的某些记载，只能是通过有选择地记述历史事实，来证释和阐扬他的政治主张，尤其是针对王安石一派与其直接对立的施政方针。

汉王朝施政理民的成败得失，是历朝历代统治者在借鉴历史经验时，都要首先关注的事情。无学即如北魏道武帝拓跋珪者，在试图了解“古今旧事，王者制度，治世之则”的时候，也是着意听取侍臣为其讲解《汉书》[4]。王通在隋唐之际亦尝拟议续撰《尚书》“以存汉晋之实”，用为“皇纲”[5]。北宋时人杨时，尝谓“今人多言

---

[1] 蒙文通《中国史学史》（上海，上海人民出版社，2006）第三章第四节《孙甫与司马光》，页76—77。

[2] 宋李焘《续资治通鉴长编》卷四八五哲宗绍圣四年四月乙未，页11531。宋朱熹《三朝名臣言行录》卷一三《谏议陈忠肃公》，页324。

[3] 宋李心传《建炎以来系年要录》（上海，商务印书馆，1936，《丛书集成初编》排印《史学丛书》本）卷二六建炎三年八月癸亥，页522。

[4] 《魏书》（北京，中华书局，1974）卷二四《崔玄伯传》，页621。

[5] 隋王通《中说》（清光绪十六年贵阳陈矩覆宋刻本）卷一《王道篇》，页2b—3b；又卷六《礼乐篇》，页3a。

要作事，须看史”，并谓当时看史做事的具体情况，是“熙宁元丰之君子皆通晓世务，而所取以为证者，秦汉以下之事而已”[1]。至于秦汉以下诸史的轻重主从伦次，杨氏从学问业之师、与司马光同时人程颐，在评述汉、唐两朝政治对后世的示范作用时，则十分形象地概括说：“三代而后，汉为治，唐次之。汉，大纲正；唐，万目举。”[2]南宋精擅史学的学者吕祖谦，后来又特地重申了这一主张[3]。足见汉朝的先例成规，同样是宋人议政施政时所要借鉴的主要对象。上面林駉所说司马光针对宋朝政治现实特地有所表述的四个例证当中，就有三个出自西汉，可以更为清楚地说明这一点。从另一角度来看，如同协助司马光编著《通鉴》的助手刘恕所讲的那样，当时“学者牵于属文，专尚《西汉书》，博览者乃及《史记》《东汉书》，而近代士颇知《唐书》，自《三国》至《隋》，下逮《五代》，懵然莫识。承平日久，人愈怠惰”[4]，其对汉、唐两朝史籍的重视，适可与程颐、吕祖谦的说法相互印证，而众多习练文章笔法的文士，如此专注于《汉书》，自宜最为亲近西汉史事。

汉武帝雄才大略，文治武功，都多有创建，在西汉诸帝中最受后世瞩目，司马光记述其一生行事，不能不格外用心。单纯看

---

[1] 宋杨时《龟山先生语录》（上海，上海书店，1984，重印《四部丛刊续编》影印常熟瞿氏铁琴铜剑楼藏宋刻本）卷一，页27a；又卷二，页26b。

[2] 宋杨时、张栻编著《二程语录》（清康熙间石门吕氏宝诰堂刻《河南程氏全书》本）卷一，页43a。

[3] 宋吕祖谦《大事记通释》（杭州，浙江古籍出版社，2005，《吕祖谦全集》本）卷三《程氏遗书》，页217。

[4] 宋吕祖谦《皇朝文鉴》（上海，商务印书馆，民国《四部丛刊初编》影印常熟瞿氏藏宋刻本）卷一三〇刘恕《书资治通鉴外纪后》，页1329。

《史记》《汉书》的记载，汉武帝的形象在很多宋朝文士官员的眼里，乃是“穷兵黩武，侵伐四夷，繁刑重敛，残害百姓，极宫室之侈靡，溺神仙之虚无，去始皇亦一间耳”[1]；司马光在陈请废除王安石新法时，亦曾举述汉昭帝即位后较诸武帝改弦更张的举措，谓“武帝作盐铁、榷酤、均输等法，天下困弊，盗贼群起，昭帝用贤良文学之议而罢之，后世称明”，试图以此汉朝旧事作为历史依据，来说明其主张的合理性[2]，从中可以看出司马光对汉武帝的认识和评价本来同样如此。王安石变法所主张之富国强兵政策，与汉武帝之敛财于民、用兵于外，正相类似，而这却是一贯主张“以拊循百姓为先，以征伐四夷为后”的司马光所极力反对的[3]，所以司马光要抬出因革除汉武帝弊政而被“后世称明”的昭帝来做对比（实际上在昭帝时期，也并没有真正去除武帝时期的弊政）。不过，要是汉武帝自己能够幡然悔悟，一改前非，那样会更符合司马光的心意。因为从汉武帝本人身上揭示出来的这样一条治国路线转变的轨迹，对劝谏宋朝君王迁善改过会有更好的示范和借鉴意义。

无奈有关西汉历史的记载，除了《史记》和《汉书》以外，传世甚罕[4]，而在《史记》《汉书》中最符合司马光意愿的纪事，只有

[1] 宋蔡戡《定山集》（清光绪二十二年武进盛氏刊《常州先哲遗书》本）卷一二《武帝论》，页4b。

[2] 宋司马光《司马光集》卷四六《乞去新法之病民伤国者疏》，页991。

[3] 宋司马光《司马光集》卷三八《横山札子》，页861。

[4] 案钱穆《中国史学名著》之《范晔〈后汉书〉与陈寿〈三国志〉》（页94）即曾谈到过这一问题，乃谓：“《史记》中春秋战国还有很多材料没有收，但《汉书》，如果要补进班固所没有收的材料，就很难。西汉史料流传到今可以补进《汉书》里去的，实在很少了。”

这道轮台诏书。与司马光约略同时人孔武仲评价汉武帝一生行事，便以为能够与班固所说“雄才大略”形象相匹配的施政举措，唯“其末年愀然自悔，弃轮台之地，封丞相为富民侯”而已[1]，司马光对此当然不会轻忽放过。这是阐扬其政治主张的绝好由头。然而，如本书开头所讲的那样，悉心品味轮台诏书的内容，不难看出，当时真正让汉武帝追悔的事情，实际上只是征和三年（前90）这次发兵出征之不合时宜，是军事行动的战术调整，而不是战略改变，更谈不上治国理民基本的路线更张了。显而易见，这与司马光想要弘扬的政治理念，还存在很大距离，司马光需要像《资治通鉴》中所记载的那样一些更具有标志性意义的历史事例。（见图八）

从另一角度看，所谓《汉书》之学，在唐代初年，曾经盛极一时，著作迭出[2]。南北朝以前的旧籍，当时存世尚多，此检《隋书·经籍志》可知。如同唐初人颜师古所指出的那样：“近代注史，竞为该博，多引杂说，攻击本文，至有诋诃言辞，掎摭利病，显前修之纰僻，骋己识之优长，乃效矛盾之仇雠，殊乖粉泽之光润。”[3]假如在这些东汉魏晋以来的著述当中，对汉武帝与戾太子事，在《汉武故事》这样的小说之外，尚有不同于马、班之书的重

{1} 宋孔武仲《临江玉峡孔公武仲文集》（明末孔尚斌刻《三孔先生文集》本）卷二《汉武帝论》，页31b。

{2} 清赵翼《廿二史札记》卷二〇“唐初《三礼》《汉书》《文选》之学”，页440—442。案相形之下，《史记》则自《汉书》问世以后，就颇受冷落，以至唐官修《五代史志》（见《隋书》卷三三《经籍志》二，页957）乃称“《史记》传者甚微”。

{3} 《汉书》卷首附唐颜师古《汉书叙例》，页3。

要记载，那么，唐初研治《汉书》的人对这些异说理当有所采撷，而我们在唐宋古注和类书等处却根本看不到踪影。特别值得注意的是，王通曾经针对门人贾琼“虐哉，汉武未尝从谏也”这一提问解答说：“孝武其生知之乎？虽不从，未尝不悦而容之。故贤人攒于朝，直言属于耳，斯有志于道，故能知悔而康帝业。”[1] 这清楚显示出至少在王通师弟的眼里，并不存在《资治通鉴》所记汉武帝听从田千秋的谏言而罢斥“方士言神仙者”的情况，体现汉武帝晚年之“知悔”者，只有《汉书·西域传》记述的轮台一诏而已。

正因为并不存在此等著述，在司马光编纂《资治通鉴》的北宋时期，所能见到的史料，已经与今天相差无几，司马光实在找不到什么正正经经的别样材料，而如前文所述，按照《史记》和《汉书》这些基本史籍的记载，汉武帝之废黜戾太子，只不过是因其母后年老色衰以及刘彻老翁偏爱少子使然而已。在崔万秋统计的《通鉴考异》汉纪部分引述的《史记》《汉书》以外的史料当中，唐以前人所写与西汉有直接关系的书籍，只有荀悦《汉纪》、《汉武故事》、葛洪《西京杂记》和《赵后外传》（亦即《赵飞燕外传》）四种[2]。在这四部书当中，荀悦《汉纪》只是将班固纪传体的《汉书》删改为编年体，一般来说，并无独立史料价值；另外要数葛洪的《西京杂记》还算稍有纪实价值，但也只是无关大局的社会生活琐事。剩下的只有纯属虚构故事的《汉武故事》和《赵飞燕外传》。

---

[1] 隋王通《中说》卷六《礼乐篇》，页 2a。

[2] 崔万秋《通鉴研究》之《通鉴之蓝本参考资料》，页 38—39。

在这种情况下，为凑成自己所期望的历史状态，只好从《汉武故事》和《赵飞燕外传》这样的小说家言中勉强择取相应的材料[1]。经过这样一番苦心编排，司马光终于塑造出来合乎自己需要的汉武帝形象，满意地阐释说："孝武穷奢极欲，繁刑重敛，内侈宫室，外事四夷，信惑神怪，巡游无度，使百姓疲敝，起为盗贼。其所以异于秦始皇者无几矣，然秦以之亡，汉以之兴者，孝武能尊先王之道，知所统守，受忠直之言，恶人欺蔽，好贤不倦，诛赏严明，晚而改过，顾托得人，此其所以有亡秦之失而免亡秦之祸乎？"[2]

今人姜鹏在论述司马光为体现自己的施政理念而在编著《通鉴》过程中刻意剪裁史料这一问题时，举述过一个与此非常相像的事例。《通鉴》记载唐太宗贞观五年（631）十二月，康国请求内附，而太宗以为"前代帝王，好招来绝域，以求服远之名，无益于用而糜弊百姓。今康国内附，倘有急难，于义不得不救。师行万里，岂不疲劳！劳百姓以取虚名，朕不为也"，于是，唐廷拒绝了康国这一请求[3]。姜氏检核相关记载后指出，此事不见于新、旧《唐书》以及《通典》《唐会要》等唐代基本史籍，在早于《通鉴》的文献中，只有《贞观政要》记载了这一事件。"这就产生了一个非常有趣的现象，

[1] 案过去已有一些学者，从某些侧面，对《资治通鉴》中有关汉武帝与戾太子治国路线分歧的记载，表示过怀疑。如古永继《汉武帝中期不可能有"袭亡秦之迹"的自我觉察》，刊《新疆师范大学学报》1983年第2期，页83—87。

[2] 宋司马光《资治通鉴》卷二二汉武帝后元二年二月，页747—748。

[3] 宋司马光《资治通鉴》卷一九三唐太宗贞观五年十二月，页6091。

对于唐太宗来说，类似于拒绝康国内附这样的事件，是终其一生仅见的个例，恰恰是好大喜功、开疆拓土才是他贯彻始终的通例”。而在《贞观政要》中之所以会出现这样独特的记载，则是因为其作者吴兢“尽量避免树立唐太宗好战伐谋的形象，因而对大量史料进行了阉割。……综观《贞观政要》，除了从谏议者口中，我们还能看出唐太宗是一个好大喜功之徒外，若仅从唐太宗本人的言论来看，甚至会有读者误会他是一个偏好和平的皇帝。《贞观政要》的目的，在于塑造一位相对完美的贞观政治形象，垂范后世，为达致这个目的，吴兢努力掩藏太宗穷兵黩武这一不足取法的侧面。具有相同写作目的的《资治通鉴》，作为编年体通史，不能像《贞观政要》那样随意取舍史料，更无法抹去唐太宗东征西伐的事迹，因此也更需引入不为它种史籍重视的康国求内附事件，以修补贞观政治的形象，而这种修补意图本身，隐含了作者的立场与取向”[1]。《通鉴》对汉武帝和唐太宗这两位帝王形象的塑造，手法前后如一。

唐初人刘知几论史书功能云：“夫史之称美者，以叙事为先。至若书功过，记善恶，文而不丽，质而非野，使人味其滋旨，怀其德音，三复忘返，百遍无斁，自非作者曰‘圣’，其孰能与于此乎？”即谓后世寻常史家撰著史书，非如上古圣人述作《尚书》《春秋》之类“师范亿载，规模万古”的神圣经典，当以如实记述史事为第一要务[2]。《春

[1] 姜鹏《〈资治通鉴〉文本的内外语境——兼说〈通鉴纪事本末〉的体裁障碍》，刊《学术研究》2011 年第 12 期，页 114—118。案承蒙复旦大学历史系徐冲教授提示此文，谨致谢意。

[2] 唐刘知几《史通·叙事》，据清蒲起龙《史通通释》卷六，页 165。

秋》而下以迄南北朝时期之史籍，大致可作如是观之。尤其值得称道的是，南朝梁武帝在编著《通史》时，尚且特别留意将前人旧史当中的神话、传说等不经之谈，剔除出来，指示文臣殷芸另编为《小说》（或谓之曰“殷芸小说”“梁武小说”）[1]。司马光在编撰《资治通鉴》过程中所采取的上述做法，从表面上看，事显突兀，似乎有违这一累世相传的史家叙事准则，其实是隋唐之际特别是北宋仁宗时期以来史学著述流变过程中出现的一种新的风尚。

隋唐间人王通撰著《元经》，纯然模拟《春秋》笔法，通记西晋惠帝永熙元年（武帝太熙元年，290）至隋文帝开皇九年（589）陈亡国史事，寄寓褒贬。门人薛收论其著述宗旨云：“天下无赏罚三百载，圣人在下，则追书褒贬以代其赏罚。斯周公典礼，使后王常存而行焉；仲尼笔削，使后儒常职而述焉。”[2]俨然以圣人再世目之，故能放胆改变“叙事为先”的传统。这种自居于往古圣人之位而以“书功过，记善恶”为主导倾向的史学著述，在唐代开元年间，有司马贞著《史记索隐》，本以订补《史记》为主旨，其所欲改订者，乃“欲降《秦本纪》《项羽本纪》为系（世）家，而《吕后》《孝惠》各为本纪。补曹、许、邾、吴芮、吴濞、淮南系（世）家，

{1} 唐刘知几《史通·杂说》，据清蒲起龙《史通通释》卷一七，页480。顾颉刚《顾颉刚读书笔记》第九卷（上）《愚修录》（八）之“梁武帝别小说于历史”条，页6969—6970。案殷芸《小说》的取材，除了神话、传说等不经之谈外，还有一些虽然真实可信但却无关宏旨为“史官所宜略”的“细事”（说见宋晁载之《续谈助》卷四《殷芸小说》篇末跋语，页87），前面第三节引述的《殷芸小说》所收“汉高帝敕”，就属于这样的性质。

{2} 隋王通著，唐薛收传，宋阮逸注《元经薛氏传》（长春，吉林大学出版社，1992，影印明万历新安程氏刊《汉魏丛书》本）卷首唐薛收《元经薛氏传序》，页213。

而降陈涉于列传，萧何、曹参、张良、周勃、“五宗”、“三王”，各为一传，而附国侨、羊舌肸于《管晏》，附尹喜、庄周于《老子》，附韩非于《商鞅》，附鲁仲连于《田单》，附宋玉于《屈原》，附邹阳、枚乘于《贾生》，又谓《司马相如》《汲郑传》不宜在《西南夷》后，《大宛传》不合在《游侠》《酷吏》之间，欲更其次第”[1]。审度司马贞改编《史记》的动机，不过是想要以其道义原则，来黜陟阶降邦国人物之高下崇卑而已。

至北宋仁宗庆历二年（1042）二月，有“襄州上将作监致仕胡旦所撰《汉春秋》，上因问旦吏历及著书本末，宰臣王钦若对曰：‘旦词学精博，举进士第一，再知制诰。然不矜细行，数败官，今已退居。尝谓三代之后，独汉得正统，因四百年行事立褒贬以拟《春秋》。’上称叹之”[2]。

胡旦这种做法，适为其后不久欧阳脩编著《新唐书》和《新五代史》之直接先导。宋人吴缜评议欧阳脩《新唐书》之谬误，谓其“不知刊修之要而各徇私好”，所谓史书“刊修之要”大体有三：“一曰事实，二曰褒贬，三曰文采。有是事而如是书，斯谓事实；因事实而寓惩劝，斯谓褒贬；事实褒贬既得矣，必资文采以行之，夫然后成史。至于事得其实矣，而褒贬文采则阙焉，虽未能成书，尤不失为史之意；若乃事实未明，而徒以褒贬文采为事，则是既不成书而又失为史之意矣。《新书》之病，正在于此。”即谓欧阳脩“专以褒

{1} 清官修《四库全书总目》卷四五《史部 · 正史类》“史记索隐”条，页 398—399。

{2} 宋李焘《续资治通鉴长编》卷一〇二仁宗天圣二年二月，页 2350。

贬笔削自任”，以致“今之《新书》，其间或举以相校，往往不啻黑白方圆之不同，盖不考事实相通知之所致也”[1]。《新唐书》为奉诏修撰，欧阳氏自己的“私好”尚有所克制，至于其独以己意撰著的《新五代史》，更是褒贬一祖《春秋》，“故义例谨严，……而事实则不甚经意”，“如《公》《穀》之发例，褒贬分明，而传闻多谬”[2]。如前引内藤虎次郎文所说，在这一点上，司马光撰著《资治通鉴》，正体现出与欧阳脩相同的追求。与司马光同时人苏辙撰写《古史》，改写《史记》秦始皇以前古代历史，自言欲“追录圣贤之遗意，以明示来世”[3]，亦即展现与司马迁不同的儒家历史观念[4]，其精神实质也与司马光相同。至于为体现其历史观念而刻意杂采小说异闻这样的具体手法，唐太宗时官修的《晋书》即已开启先河[5]，欧阳脩、司马光亦不过步其后尘而已。从而也就难怪司马光对自己“旁采小说”的做法，不仅丝毫不加掩饰，而且还要作为一项重要优点而夸耀于人[6]。

从更深一层的实质性意义上看，司马光撰著《资治通鉴》的根本目的，和他的政敌王安石撰著《三经新义》是完全相同的，即

---

[1] 宋吴缜《新唐书纠谬》卷首吴氏自撰《新唐书纠谬序》，页541。

[2] 清官修《四库全书总目》卷四六《史部 · 正史类》“新五代史记”条，页411。

[3] 宋苏辙《古史》（台北，故宫博物院，1991，影印该院所藏南宋浙本）卷首苏氏自撰《古史序》，页2a。

[4] 宋黎德靖编《朱子语类》卷一二二《吕伯恭》，页2951—2952。

[5] 唐刘知几《史通 · 杂说》，据清浦起龙《史通通释》卷一七，页480。宋晁公武《郡斋读书志》（南京，江苏古籍出版社，2001，重印民国商务印书馆《续古逸丛书》影印宋椠袁本）卷二上《正史类》之“晋书”条，页564。清钱大昕《廿二史考异》（上海，商务印书馆，1937，《丛书集成初编》排印《史学丛书》本）卷二一，页419。

[6] 宋司马光《资治通鉴》卷末附司马氏自撰《进书表》，页9607。

两翁之意都不在史学或经学本身，而是借助史籍或经书来阐扬治国的理念。在这一点上，诚如同时人苏洵所说："史与经皆忧小人而作，其义一也。……经非一代之实录，史非万世之常法，体不相沿而用实相资焉。"[1] 史载王安石讥笑协助司马光撰著《资治通鉴》的刘恕（字道原）："耽史而不穷经，相见必戏之曰：'道原读到汉八年未？'而道原力诋荆公之学，士子有谈新经义者，道原怒形于色，曰：'此人口出妖言，面带妖气。'"[2] 王安石的解经之作，固然带有强烈的以经注我色彩，即王氏所主张的"经术正所以经世务"[3]，实则如前文所述，司马光主持编著的《通鉴》等史学著述，也同样散发着极其浓重的借古喻今气味。他们为了实现各自的著述宗旨，在一定程度上，都不惜曲意横行，不惜改变历史的本来面目，同样堪称自我作古。清人阮元尝谓"北宋学者当推司马温公于经史皆最淳正，公于经未有成书，……若以公之识力，开宋之经学，则其流派必更淳正"[4]；同时人段玉裁更直欲以《资治通鉴》等书与《十三经》并列，"广之为《廿一经》，……庶学者诵习佩服既久，于训诂名物制度之昭显，民情物理之隐微，无不憭然，无道学之名而有其实"[5]。更晚，至清代末年，李慈铭亦云北宋中期诸如欧

[1] 宋苏洵《嘉祐集》（上海，商务印书馆，民国《四部丛刊初编》影印无锡孙氏小绿天藏影宋钞本）卷八《史论》上，页1a—1b。

[2] 宋朱熹《三朝名臣言行录》卷一四《秘书丞刘公》，页350。

[3] 宋朱熹《三朝名臣言行录》卷六《丞相经国王文公》，页134。

[4] 清阮元《揅经室集》二集卷七《通鉴训纂序》，页556。

[5] 清沈涛《十经斋集》（上海，中国书店，民国影印清道光刻本）卷一《十经斋考室文》篇末附录清段玉裁撰《十经斋记》，页7a。

阳脩、刘敞一辈人“开空疏之习”而“启改乱之弊，自是而降，绝裂师法，如司马文正、陈祥道者，中流之一壶矣”[1]，即谓司马光特立独行，能够坚守古学。实则观其于《通鉴》之恣意去取，不难看出，司马光若果为经学著述，当亦王安石《周官新义》之流亚，略无“淳正”可言；而在强扭客观实在之史纳入其内心向往之理这一点上，与道学家相比较，则允称不遑多让[2]。

对于后世治史者而言，明人娄坚等即曾就《通鉴》与唐五代以前正史之间的关系问题论述说，读史“至秦汉而下讫于五代之季”，“必先求之正史而参以司马氏之《资治通鉴》，错综其说而折衷之”[3]；顾炎武在清代初年即曾依据《史记》《汉书》的原始记载，具体指出司马光处置失当的一些事例[4]。至乾隆年间，四库馆臣更严肃批评后世学者“于历代史事每多置正史而引《通鉴》”的做法，以为这样的做法，乃“非根本之学”[5]。了解到司马光的撰著意图和独特手法，治学者尤应遵从清儒确立的这一基本原则，合理对待《史记》《汉书》等纪传体正史与《资治通鉴》的史料价值。

---

[1] 王利器纂集《越缦堂读书简端记》(天津，天津人民出版社，1980) 之《廿二史札记》，页219。

[2] 案清文廷式《纯常子枝语》(扬州，江苏广陵古籍刻印社，1990，影印1943年汪氏双照楼刻本) 卷二(页54)，谓司马光撰著《潜虚》，亦往往“专就当时时事立言”。

[3] 明娄坚《学古绪言》(台北，台湾商务印书馆，1986，影印文渊阁《四库全书》本) 卷一《读史商语序》，页5a—5b。

[4] 清顾炎武《日知录》(上海，上海古籍出版社，1985，影印清道光十四年刊清黄汝成《日知录集释》本) 卷二六“通鉴”条，页1944—1949。

[5] 清官修《四库全书总目》卷三六《经部·四书类》“四书通证”条，页300。

第五章

刘宋时期另一场“巫蛊之变”与王俭塑造的戾太子形象

《汉武故事》一书在存世典籍目录当中，最早见于《隋书·经籍志》著录，乃书作“《汉武帝故事》二卷”，未题撰人[1]。《旧唐书·经籍志》和《新唐书·艺文志》著录此书或书作“《汉武故事》二卷”，或书作“《汉武帝故事》二卷”，同样都没有题写作者姓名[2]。至北宋中期编撰的《崇文总目》始著录《汉武帝故事》为“班固撰”[3]，今余嘉锡以为“称班固者，实自此始”[4]。稍后，晁载之在节录《汉武故事》时，也称之为“世所传班固所撰”[5]。唯司马光在当时已经由其“语多诞妄”这一点清醒地看出，此书“非班固

---

[1] 《隋书》卷三三《经籍志》二，页966。

[2] 《旧唐书》卷四六《经籍志》上，页1998。《新唐书》卷五八《艺文志》二，页1473。

[3] 宋王应麟《玉海》卷五一《艺文》之“汉武帝故事”条引《崇文总目》佚文，页965。

[4] 余嘉锡《四库提要辨证》（北京，中华书局，1980）卷一八《子部·小说家类》之“汉武故事”条，页1129。

[5] 宋晁载之《续谈助》卷三录题汉班固撰《汉武故事》篇末跋语，页69。

书，盖后人为之，托固名耳”[1]；晁载之亦云“其事与《汉书》时相出入，而文不逮，疑非固所撰也”[2]。晁载之在《续谈助》中跋所谓“郭子横《洞冥记》”，述及此书，乃谓唐人张柬之言昔“王检造《汉武故事》”[3]。张柬之这一说法，复见于南宋人晁公武的《郡斋读书志》引述，书作“《汉武故事》王俭造”[4]。因知《续谈助》之“检”应为“俭”字之讹。余嘉锡以为张柬之所说“自必别有据依，断非凭虚立说。……至宋以后传本之题班固，则浅人所为，非其旧也”[5]，即以王俭为该书作者。

王俭为南朝刘宋至萧齐间人，卒于南齐开国未久之武帝永明五年（487）[6]。今检刘宋裴骃《史记集解》与唐人颜师古《汉书注》，可见所引六朝以前古注都没有引述《汉武故事》，而南朝梁刘孝标《世说新语注》以及与之约略同时之北魏郦道元《水经注》等始见征引此书[7]，适与王俭的时代相接续。又明人胡应麟亦谓“《汉武故事》称班固撰，诸家咸以王俭造。考其文颇衰薾，

---

[1] 宋司马光《资治通鉴考异》卷一元光四年十二月晦“杀窦婴”条，页3。

[2] 宋晁载之《续谈助》卷三录题汉班固撰《汉武故事》篇末跋语，页69。

[3] 宋晁载之《续谈助》卷一录题汉郭子横撰《洞冥记》篇末跋语，页16—17。

[4] 宋晁公武《郡斋读书志》卷二下《传记类》之“汉武故事”条，页581。

[5] 清官修《四库提要辨证》卷一八《子部·小说家类》之“汉武故事”条，页1128—1130。

[6] 《南齐书》（北京，中华书局，1972）卷二三《王俭传》，页437。

[7] 南朝宋刘义庆《世说新语》（北京，中华书局，1962，影印宋绍兴刻本）卷上《文学》梁刘孝标注引《汉武故事》，页65b—66a。北魏郦道元《水经·渭水注》，据清王先谦《合校水经注》（北京，中华书局，2009，影印清光绪壬辰长沙思贤讲舍原刻本）卷一九，页287。

不类孟坚，是六朝人作也”[1]。

另外，从中国古小说的发展历史来看，诸如盐谷温、周树人等也早已指出其书盖出自六朝词人之笔，或谓：“现存之所谓汉人小说，盖无一真出于汉人，晋以来，文人方士，皆有伪作，至宋明尚不绝。文人好逞狡狯，或欲夸示异书，方士则意在自神其教，故往往托古籍以炫人；晋以后人之托汉，亦犹汉人之托黄帝伊尹矣。此群书中，……大抵……关涉汉事则云刘歆、班固，而大旨不离乎言神仙。”而周氏具体言及其伪题班固而“关涉汉事者”，乃首举《汉武帝故事》[2]，这自然是一种淹通畅达的看法。并观上述几方面因素，综合分析，益知余嘉锡的裁断实信而可从。

不过书中记述的故事，有些或有更早的传承，这也是此等著述当中往往会出现的情况。如文中记长陵徐姓女子仪君，乃汉武帝赐予东方朔之二十名宫女之一，俾“朔与行道”，其人“至今上元延中已百三十七岁矣，视之如童女，诸侯贵人更迎致之。问其道术，善行交接之道，无他法也。受道者皆与之通，或传世淫之陈盛父子皆与之行道。京中好淫乱者争就之。翟丞相奏坏风俗，请戮尤乱甚者，今上弗听。乃徙女子于敦煌。后遂入胡，不知所终。”[3]“元延”为汉成帝年号，这当然不是刘宋时人王俭应有的口吻，但也

{1} 明胡应麟《少室山房笔丛》卷二九丙部《九流绪论》下，页285。

{2} 盐谷温《中国小说の研究》(东京，弘道馆，1949) 第二节《两汉六朝小说》，页302—303。鲁迅《中国小说史略》(北京，北新书局，1927) 第四篇《今所见汉人小说》，页25、28—30。

{3} 见明李栻《历代小史》(扬州，江苏广陵古籍刻印社，1989，影印明嘉靖万历间刊本) 卷四《汉武故事》，页71。

不能据此推断像这样的内容就一定是出自汉成帝时期流行于世间的传说[1]。传世神仙家著述，有名《列仙传》者，旧题西汉成帝时人刘向所撰，虽属伪托，但应劭很早即有征引，余嘉锡考证乃东汉“明帝以后顺帝以前人之所作也”[2]。其书既然托名于刘向，而刘向在成帝时以光禄大夫校书中秘，司掌典籍，是人所共知的事情[3]，书中自然会模拟成帝时人的口吻。观葛洪对此《列仙传》多所称誉[4]，且为之续撰《神仙传》，便可知东晋南朝道教中人引重书中的记载，是很自然的事情，故《汉武故事》中有关仪君的内容，更有可能是从《列仙传》中移录而来。唯《列仙传》传世之本已多有后人删削，迥非唐以前旧貌[5]，今已难以比勘核实。

《汉武故事》今存最早传本，为前述北宋晁载之《续谈助》节录本，明后期以来，另有李栻《历代小史》、吴管《古今逸史》等丛书本印行，然取与唐宋类书引文相较，知亦后人缀集而成，迥非

---

[1] 案今颇有一些学者据此立论，断定《汉武故事》成书于汉成帝时期，如李剑国《唐前志怪小说史》（天津，南开大学出版社，1984）第三章第三节《杂史杂传体志怪小说》（页172—175）和刘化晶《〈汉武故事〉的作者与成书时代考》一文即俱持此说。然而，与余嘉锡、盐谷温、周树人等人的论述相比，这些说法似甚显浅陋，尚殊难令人信服。刘文刊《沈阳师范大学学报》2006年第2期，页64—66。

[2] 清官修《四库提要辨证》卷一九《子部·小说家存目》之“列仙传”条，页1202—1207。

[3] 《汉书》卷一〇《成帝纪》，页310；又卷一〇〇上《叙传》上，页4203。

[4] 晋葛洪《抱朴子内篇·论仙》，据王明《抱朴子内篇校释》（北京，中华书局，1985）卷二，页16。

[5] 清官修《四库提要辨证》卷一九《子部·小说家存目》之“列仙传”条，页1207—1210。

原书面目[1]。清朝学者依据唐宋以前类书等文献辑录的本子，则以洪颐煊《经典集林》本较为完备。晚近周树人《古小说钩沉》亦有辑本，则复兼采《续谈助》节本。通览存世内容，知其所记无非道术信仰者以房中等法术修炼长生的行事，诚荒诞无稽之谈，而这正是东晋南朝时期以葛洪为代表的道家神仙学说盛行于世的产物，初不足怪。

不过，在这当中，也有一些似乎稍显另类的记述，这就是《通鉴》所采有关巫蛊之乱的发生缘由以及对汉武帝与戾太子之间不同治国理念的描摹，这些相对比较平实自然的记述，在全书神云仙雾的背景之下，颇为引人注目。（见图九）

对此，首先我们应当理解，这些内容本来正符合神仙家的追求。葛洪在《抱朴子内篇》中，有相关论述云：

> 仙法欲静寂无为，忘其形骸，而人君撞千石之锺（钟），伐雷霆之鼓，砰磕嘈嗽，惊魂荡心，百技万变，丧精塞耳，飞轻走迅，钓潜弋高。仙法欲令爱逮蠢蠕，不害含气，而人君有赫斯之怒，芟夷之诛，黄钺一挥，齐斧暂授，则伏尸千里，流血滂沱，斩断之刑，不绝于市。仙法欲止绝臭腥，休粮清肠，而人君烹肥宰腯，屠割群生，八珍百和，方丈于前，煎熬芍药，旨嘉餍饫。仙法欲溥爱八荒，视人如己，而人君兼弱攻昧，取

---

[1] 参见清官修《四库全书总目》卷一四二《子部·小说家类》“汉武故事”条，页1206。

乱推亡，辟地拓疆，泯人社稷，驱合生人，投之死地，孤魂绝域，暴骸腐野，五岭有血刃之师，北阙悬大宛之首，坑生煞伏，动数十万，京观封尸，仰干云霄，暴骸如莽，弥山填谷。秦皇使十室之中，思乱者九。汉武使天下嗷然，户口减半。祝其有益，诅亦有损。结草知德，则虚祭必怨。众烦攻其膏肓，人鬼齐其毒恨。彼二主徒有好仙之名，而无修道之实，所知浅事，不能悉行。要妙深秘，又不得闻。又不得有道之士，为合成仙药以与之，不得长生，无所怪也。[1]

读此可知，秦始皇和汉武帝穷兵黩武、劳扰天下苍生的暴政，正是神仙家之流强烈谴责的对象，也是修仙得道的重大障碍。因此，《汉武故事》写入武帝与戾太子之间的政见歧异，应是用以凸显上述理念，可以说是很合理的做法。

若是更进一步向前追溯其渊源，则可以看到，早期道家著述，本来就具有乐于设事譬喻和惯于假托往古帝君这两大特点。前者如《庄子》之多述寓言，后者如其动辄托名黄帝。稍晚的道家乃至道教著述，在假托帝王君主行事以寄寓其大道玄理时，往往称述最为热衷求仙升天的秦始皇和汉武帝。北京大学近年收藏的一批西汉竹书，内有道家著述《周驯（训）》，可知出土竹书的墓葬主人应是尊信黄老一派学说，而同时出土的竹书《赵正书》讲述秦始皇史事，乃与《史记》的记载大相径庭，竟谓秦始皇临终前“喟然流

{1}　晋葛洪《抱朴子内篇·论仙》，据王明《抱朴子内篇校释》卷二，页17—18。

涕，长太息谓左右曰……吾忠臣也，其议所立”，于是“丞相臣斯、御史去疾昧死顿首言曰：‘今道远而诏期窘，臣恐大臣之有谋，请立胡亥为代后。’王曰：‘可。’王死而胡亥立”，绝然悖戾胡亥与赵高合谋篡位自立的真实面目，其事固非信史，恰如同时出土另一篇竹书《妄稽》这一篇名所示，一望可知纯属虚妄无稽之谈[1]。王俭在《汉武故事》中讲述的刘彻晚年悔过罪己之事，与此始皇帝“临终遗命”正如出一辙。

不过，从另一角度来看，每一位作者，都有自己特定的经历，在著述中，往往会或有意或无意地羼入一些个人的感慨，或是寄寓某种情感或者主张、认识。常语云，知人论世。审视王俭在南朝的经历可以看出，或许更多的是基于某种个人的原因，才促使王俭耗费如许之多的笔墨，在《汉武故事》中写下这样的内容。

王俭身出东晋南朝天下第一望族琅邪王氏。父亲王僧绰，在刘宋时尚太祖文皇帝刘义隆长女东阳公主（初封武康，故又称武康公主），深受太祖倚重，以侍中执掌机密，“朝政小大，皆与参焉”[2]，而东阳公主正卷入了其弟太子刘劭咒厌乃父的巫蛊事件。这次事件，最终发展到刘劭起兵反叛，弑父夺得帝位，而其情形恰与

{1} 北京大学出土文献研究所《北京大学藏西汉竹书墨迹选粹》（北京，人民文学出版社，2012）篇首之《出版说明》，又《周驯》《赵正书》《妄稽》诸篇，页 9—19。案原附释文以为“窘”字通作“群”，参见竹书整理者赵化成撰《北大西汉竹书〈赵正书〉简说》一文，知是将“窘”字连下读作“群臣”，似误。今读作“道远而诏期窘”，文义应更顺畅。赵文刊《文物》2011 年第 6 期，页 64—66。

{2} 《宋书》（北京，中华书局，1974）卷七一《王僧绰传》，页 1850。《南齐书》卷二三《王俭传》并卷末附王仲荦撰《校勘记》，页 433、442。

戾太子咒厌武帝并发兵反叛略相仿佛。

《南史·刘劭传》记其事发背景与初始情形较为简明扼要：

> 劭字休远，文帝长子也。……年六岁，拜为皇太子。……十三加元服。好读史传，尤爱弓马。及长，美须眉，大眼方口，长七尺四寸。亲览宫事，延宾客。意之所欲，上必从之。东宫置兵与羽林等。（元嘉）十七年（440），劭拜京陵，大将军彭城王义康、竟陵王诞、桂阳侯义融并从。
>
> 二十七年，上将北侵，劭与萧思话固谏，不从。魏太武帝至瓜步，上登石头城，有忧色。劭曰：“不斩江湛、徐湛之，无以谢天下。”上曰：“北伐自我意，不关二人，但湛等不异耳。”由是与江、徐不平。
>
> 上时务本业，使宫内皆蚕，欲以讽励天下。有女巫严道育，夫为劫，坐没入奚官。劭姊东阳公主应合婢王鹦鹉白公主道育通灵，主乃白上，托云善蚕，求召入。道育云：“所奉天神，当赐符应。”时主夕卧，见流光相随，状若萤火，遂入巾箱，化为双珠，圆青可爱。于是主及劭并信惑之。始兴王浚，素佞事劭，并多过失，虑上知，使道育祈请，欲令过不上闻。歌儛咒诅，不舍昼夜。道育辄云：“自上天陈请，必不泄露。”劭等敬事，号曰天师。后遂为巫蛊，刻玉为上形像，埋于含章殿前。[1]

{1}《南史》（北京，中华书局，1975）卷一四《宋文帝诸子传·元凶劭》，页386—387。

如上文所述，王俭母东阳公主不仅积极参与巫蛊之事，并且是导致此举的关键人物，而元嘉二十七年因对文帝北伐之举政见不一，太子刘劭与江湛、徐湛之辈，产生严重冲突，应是促使刘劭行用巫蛊之术的直接原因。

检读《宋书·江湛传》的记载，可以更为清晰地看出刘劭与江湛等人冲突的严重程度：

> 上大举北伐，举朝为不可，唯湛赞成之。索虏至瓜步，领军将军刘遵考率军出江上，以湛兼领军，军事处分，一以委焉。虏遣使求婚，上召太子劭以下集议，众并谓宜许。湛曰："戎狄无信，许之无益。"劭怒谓湛曰："今三王在厄，讵宜苟执异议。"声色甚厉。坐散俱出，劭使班剑及左右推之，殆将侧倒。劭又谓上曰："北伐败辱，数州沦破，独有斩江湛可以谢天下。"上曰："北伐自我意，江湛但不异耳。"劭后燕集，未尝命湛。常谓上曰："江湛佞人，不宜亲也。"上乃为劭长子伟之娉湛第三女，欲以和之。[1]

清初人王夫之称"劭之与君父有不两立之势也，自其怨江、徐而造巫蛊已然矣"[2]，就是把刘劭与江湛、徐湛之等人的矛盾，视作激使其以巫蛊之术来咒厌文帝速死的主要原因。

{1}　《宋书》卷七一《江湛传》，页1849。

{2}　清王夫之《读通鉴论》卷一五《宋文帝》之"袁淑死难惜去官不早"条，页576。

唯宋文帝当时，并没有萌生因此而废黜刘劭储位的想法。不仅如《江湛传》所见，积极设法调解刘劭与江湛等人的矛盾，而且还在巫蛊之事泄露之后，对刘劭也没有严加追究。至元嘉三十年正月，因“大风飞霰且雷”，文帝“忧有窃发，辄加劭兵众，东宫实甲万人。车驾出行，劭入守，使将白直队自随”[1]，这也显示出对刘劭的信任和关心。那么，皇太子刘劭又为什么要咒厌文帝速死乃至竟然起兵杀害文帝呢？

周一良分析刘宋一朝特别是宋文帝时期政治态势，尝谓沈约纂修《宋书》，除宋末十几年的事迹之外，都是承用何承天、山谦之、苏宝生、徐爰等人在宋时所修的旧史（德勇案：关于这一点，清人王鸣盛已经有所论述[2]），而何承天至徐爰诸人系以本朝人修本朝史，必然多所顾虑，不敢率直表述。为此，研究一些比较敏感的问题，需要透过具体史事，去探寻潜藏在表象背后的历史真相。

透过零散的历史事件，周一良总结云，大抵武帝刘裕及文帝刘义隆初即位时，朝廷内外诸大臣多为与刘裕一同起事之人，相互之间本无君臣之分，故对刘裕未必心悦诚服，因而每成猜忌对象，致使异姓大臣多被屠戮。周氏复分析宋文帝的个人品性和当时的政治环境，以为宋文帝生性多所猜忌怀疑，乃至自称于其左右“为少恩”[3]。为巩固权力，宋文帝更不断诛杀大臣与宗室诸王。如其

{1}　《宋书》卷九九《二凶传·元凶劭》，页2426。

{2}　清王鸣盛《十七史商榷》（上海，商务印书馆，《丛书集成初编》排印《史学丛书》本）卷五三“沈约宋书”条，页475。

{3}　《宋书》卷六一《江夏王义恭传》，页1642。

即位不久，便杀掉了对他形成直接威胁的几个“顾命”大臣。以后元嘉七年杀兖州刺史竺灵秀，十三年杀司空、江州刺史檀道济。至义隆中期以后，随着刘家天下之逐渐牢固，君臣名分趋于稳定，文帝又将猜疑的矛头转向宗室诸王。于是，元嘉十七年杀掉党于彭城王义康的丹阳尹刘湛和义康的一些亲信，二十年杀雍州刺史刘道真、梁南秦二州刺史裴方明，二十二年免彭城王义康为庶人并杀掉拥戴义康的范晔等人，二十八年赐义康死。这些大臣和宗室，多属蒙冤被杀。在这样阴森的威势之下，使得宗室诸王和执事大臣都深存戒心，惴惴无以自保，以至《世说新语》的作者、临川王刘义庆，虽“少善骑乘”，而“长以世路艰难，不复跨马”[1]，盖东晋南朝时期骑马一事在某种程度上已成政治野心的标志，义庆为能全身远祸，躲避政事风险，只好招聚向学之士，寄情于诸如《世说新语》这样玄谈清议的文辞[2]。

周一良复谓宋文帝刘义隆之“刻薄少恩”，“固不止于对待左右而已”[3]，不知这是不是也包括皇太子刘劭在内。但明了上述背景，我们也就很容易理解，刘劭身居储位竟至铤而走险，夺权篡位，同样应当是在这样险恶的环境下，公然冒犯乃父之后，难以自安所

{1} 《宋书》卷五一《临川烈武王道规传附继子义庆》，页1477。

{2} 周一良《〈世说新语〉和作者刘义庆身世的考察》，原刊《中国哲学史研究》1981年第1期，此据作者文集《魏晋南北朝史论集》（北京，北京大学出版社，1997），页333—337。又周一良《魏晋南北朝史札记》（北京，中华书局，1985）之《〈宋书〉札记》“刘义庆传之‘世路艰难’与‘不复跨马’”条与“刘宋统治阶级内部矛盾之变化”条，页159—161、200—201。

{3} 周一良《〈世说新语〉和作者刘义庆身世的考察》，据《魏晋南北朝史论集》，页336。

致；而且也只有认识到宋文帝的险刻品性已经招致普遍畏惧和怨恨，我们才能理解为什么其长女东阳公主和当时身受重宠并“专主内政”的潘淑妃所生皇子刘浚都会积极附从刘劭，与身巫蛊之事，刘浚甚至协从起兵反叛（东阳公主在巫蛊之事泄露前身故，不然也很可能一同参与造反）。巫蛊之事发生数年之前，积极怂恿彭城王刘义康起兵夺位的孔熙先，因素善天文，尝谓有图谶云：“太祖必以非道晏驾，当由骨肉相残，江州应出天子。”孔某且云所谓江州天子，应以义康当之[1]。孔熙先谓“太祖必以非道晏驾，当由骨肉相残”，自应基于刘宋宗室对刘义隆为政之“非道”的普遍怨恨，不然何以会编造这样的谶语。

特别需要注意的是，刘劭力主斩杀的徐湛之，人品极为卑劣龌龊。徐湛之当初本来和范晔等人一起策划拥戴彭城王刘义康夺取大位，而且“素为义康所爱，虽为舅甥，恩过子弟”，到临起事时却因担心政变失手遭受惩处而向文帝告密，赖此始获刘义隆擢拔倚重[2]。江湛行事虽然堪称正人君子，但为政“颇有刻核之讥”[3]，也是不该轻易得罪的人物。皇太子刘劭极力主张由徐湛之和江湛来承担轻率北伐招致兵败国削的责任，而且讲出了不斩二人“无以谢天下”这样的狠话，分明与之势不两立。像徐湛之这样的小人，必然会为求自保而伺机构陷太子，这应是情理之中的事情；若有过失为江湛察知，亦同样会面临严重危险。刘劭本人自然会清

---

[1]　《宋书》卷六九《范晔传》，页1821。

[2]　《宋书》卷六九《范晔传》，页1820—1827。

[3]　《宋书》卷七一《江湛传》，页1849。

楚这一点，而宋文帝如此庇护江、徐二人，也就意味着太子时刻都面临着被其谗言陷害的危险。

更为严重的是，文帝已经明确讲出“北伐自我意”这样的话，刘劭依旧痛斥江、徐辈为“佞人”而不稍宽假，这实际上等于不依不饶地追究北伐决策的失误，直接挑战文帝的权威。试看宋文帝于北伐失利之后，因“索虏来寇瓜步，天下扰动”，文帝便担心“异志者奉义康为乱”，从而在翌年亦即元嘉二十八年正月，将人望颇高的废彭城王刘义康赐死[1]，所以刘劭恐怕不能不心存忧惧。清末民初间人刘体仁曾评议宋文帝一朝政事云：“终文帝之世，内讧最烈，甚至太子与群臣争，帝亦疑忌最深，而乃死于其子之手，猜忌亦何益哉！”[2]这在一定程度上似乎已经意识到统治集团内部的权力争斗和文帝本人的过分疑忌，应该是皇太子刘劭行用巫蛊以促其父速死的根本原因。

从表面上看，在宋文帝与太子刘劭这场宫廷争斗中，王俭的父母，似乎分别站在了对立的两边。如前所述，其母东阳公主，是最早诱导乃弟刘劭以巫蛊咒厌文帝的人，堪称首事之人。其父王僧绰本深蒙宋文帝倚重，《宋书》本传记载他在巫蛊事变前后的相关行事时说：

> 会二凶巫蛊事泄，上独先召僧绰具言之。及将废立，使寻

{1} 《宋书》卷六八《武二王传·彭城王义康》，页1796—1797。

{2} 刘体仁《通鉴札记》（北京，北京图书馆出版社，2004，影印民国石印《辟园史学四种》本）卷八“明帝杀戮宗亲而祚以斩”条，页430。

> 求前朝旧典。劭于东宫夜飨将士，僧绰密以启闻。上又令撰汉魏以来废诸王故事，撰毕，送与江湛、徐湛之。湛之欲立随王诞，江湛欲立南平王铄，太祖欲立建平王宏，议久不决。诞妃即湛之女，铄妃即湛妹。太祖谓僧绰曰："诸人各为身计，便无与国家同忧者。"僧绰曰："建立之事，仰由圣怀。臣谓唯宜速断，不可稽缓。当断不断，反受其乱。愿以义割恩，略小不忍；不尔，便应坦怀如初，无烦疑论。《淮南》云：'以石投水，吴越之善没取之。'事机虽密，易致宣广，不可使难生虑表，取笑千载。"上曰："卿可谓能断大事。此事重，不可不殷勤三思。且庶人始亡，人将谓我无复慈爱之道。"……
>
> 及劭弑逆，江湛在尚书上省，闻变，叹曰："不用僧绰言，以至于此。"劭既立，转为吏部尚书，委以事任。……顷之，劭料检太祖巾箱及江湛家书疏，得僧绰所启飨士并废诸王事，乃收害焉，时年三十一。[1]

据此，则僧绰似态度鲜明、立场坚定地站在了文帝一边。

然则在当时充满凶险的政治环境下，王僧绰得以保有尊位，在很大程度上是基于其谨言慎行，谦抑自处。史载僧绰一向“不以才能高人”，与族人晏语，每以“止足为贵”，“及为侍中，时年二十九。始兴王浚尝问其年，僧绰自嫌蚤达，逡巡良久乃答，其谦

{1}《宋书》卷七一《王僧绰传》，页1850—1851。

虚自退若此”[1]。当然，这在很大程度上也是王氏家族在南朝变换更迭政局中的自处之道，其从兄王微即因“惧其太盛，劝令损抑”，从而谓之曰：“持盈畏满，自是家门旧风。”[2]逮巫蛊事泄之时，东阳公主虽已先此身故，此事与王僧绰的牵连依然相当微妙。面对猜忌心极重的宋文帝，其“独先召僧绰具言之”，在王僧绰看来，很可能正是用以窥探他的态度。所以，王僧绰必须果断表达对文帝忠诚不贰的立场，以保全身家性命。也正因为东阳公主与刘劭已经有此瓜葛，至太子刘劭策划起兵之时，王僧绰更不能稍有含糊而抢先告变，并坚定主张对其加以严厉处置。刘劭在杀掉文帝的同时，一并处决江湛、徐湛之辈“太祖亲信左右数十人”，却没有诛及王僧绰，这显示出刘劭并未将其视作文帝的心腹。不仅如此，当刘劭拟议改元即位之际，“初使萧斌作诏，斌辞以不文”，且谓“旧逾年改元”，而“劭以问僧绰，僧绰曰：‘晋惠帝即位便改元’，劭喜而从之”，“乃使侍中王僧绰为之”[3]，即王僧绰不仅积极为其寻找历史依据，一如数日前为宋文帝罢黜刘劭而“撰汉魏以来废诸王故事”，而且还亲献笔墨，起草诏书，宣布改启新元为太初。王僧绰这一举动，显然具有浓重的拥戴意味，大概也正因为如此，刘劭才随即令其“转为吏部尚书，委以事任”。不难看出，王僧绰之于宋文帝，只是希求自保而已，绝非愚诚效忠，只是由于刘劭缺乏

---

[1] 《宋书》卷七一《王僧绰传》，页1850；又卷六二《王微传》，页1666。《南史》卷二二《王僧绰传》，页589。

[2] 《宋书》卷六二《王微传》，页1666。《南史》卷二二《王僧绰传》，页589。

[3] 《宋书》卷九九《二凶传·元凶劭》，页2427。

政治经验和操弄手腕，才错误地将其杀掉。周一良论述东晋以后宋齐梁陈代相更替之际世家大族的政治取向，尝谓王、谢等“高门甲族重自己的门户甚于王朝，首先考虑是如何保卫家门，而不是尽忠王室”{1}，亦即清人赵翼所说与时推迁“以自保其家世，虽朝市革易，而我之门第如故”也{2}。从大的历史背景来看，王僧绰在刘义隆、刘劭父子之间的立场抉择，首先也应该基于这样的考虑。

上述情况表明，王僧绰对待刘劭，至少是一个中立的态度，与东阳公主并非完全对立。王僧绰遇难时王俭刚刚出生不久，是被叔父王僧虔抚养成人。有关生身父母在这场政治变故当中的行为和遭遇，以及宋文帝和刘劭两人在这场变故中的是非曲直，应主要得自叔父或其他王氏家族成员，而其所知所闻，与源自本朝史书的《宋书》以及其他同类记载未必完全一致，有些情况甚至有可能正相背反。《宋书·礼志》载文帝元嘉二十二年四月，“皇太子讲《孝经》通”，释奠国子学，如晋故事{3}，《南史·周弘正传》载弘正在梁中大通间迁国子博士，“学中有宋元凶讲《孝经》碑，历代不改，弘正始到官，即表刊除”{4}，显示刘劭死后，在刘宋国内，并非普遍痛诋其弑父犯上的行为，不然早应推倒毁掉此碑。《南齐书》本传记王俭于宋明帝时“尚阳羡公主，拜驸马都尉。帝以俭嫡母武康

{1}　周一良《论梁武帝及其时代》，原刊中华书局编辑部编《中华学术论文集》（1981），此据《魏晋南北朝史论集》，页343—345。

{2}　清赵翼《廿二史札记》卷一二“江左世族无功臣”条，页253—254。

{3}　《宋书》卷一七《礼志》四，页484。

{4}　《南史》卷三四《周朗传附族裔弘正传》，页898。

公主同太初巫蛊事，不可以为妇姑，欲开冢离葬，俭因人自陈，密以死请，故事不行”[1]。这说明王俭对其母附从刘劭反对宋文帝显然有所同情和理解，他在刘宋末期积极支持齐太祖高皇帝萧道成，道成称其“谋谟之功，莫与为二”，也清楚地显示出对刘宋政治的严重不满[2]，而这一点正应该是他在《汉武故事》这样的神仙家著述当中，特地加入一大段汉武帝与戾太子之间治国理念冲突的重要原因。

周一良曾经指出，在刘劭政变失败之后的孝武帝刘骏和明帝刘彧两朝，宋帝依然严厉监控诸王大臣。刘骏和刘彧一方面依仗宗室诸王，以钳制异姓大臣；另一方面，又深恐身后嗣子年幼，皇位不稳，于是对诸王横加疑忌，不断诛锄[3]。在孝武帝去世之后、明帝即位之前，孝武帝子刘子业曾短暂承袭帝位，史称“前废帝”。这位“前废帝”在位两年多时间里，由于“恒虑有图之者”而肆意“诛害宰辅，杀戮大臣”[4]，因其“凶悖日甚，诛杀相继，内外百司，不保首领”[5]，使得“左右常虑祸及，人人有异志”[6]。其残害宗室诸王之酷烈，就连年仅十岁的异母弟新安王刘子鸾，亦被赐死，以致刘子鸾临死时竟感叹云“愿身不复生王家”[7]。关于明帝刘彧之嗜

{1} 《南齐书》卷二三《王俭传》，页433。

{2} 《南史》卷二二《王俭传》，页591—592。

{3} 周一良《魏晋南北朝史札记》之《〈宋书〉札记》“刘宋统治阶级内部矛盾之变化”条，页159—161、201—202。

{4} 《宋书》卷八《明帝纪》，页152。

{5} 《宋书》卷七《前废帝纪》，页146。

{6} 《宋书》卷八《明帝纪》，页152。

{7} 《宋书》卷八〇《孝武十四王传·始平孝敬王子鸾》，页2065。

杀，近人刘体仁述及相关史事，评述云孝武帝刘骏之“猜暴”，“亲臣犹有术自全，不似明帝之杀戮宗亲，惨无人理也”[1]。事实上，刘宋帝王这种肆行诛戮的做法，在明帝去世之后也并没有改变。继承帝位的太子刘昱，亦即所谓“后废帝”，“狂暴”有过乃父，复“天性好杀，以此为欢，一日无事，辄惨惨不乐”，“恣行诛戮，出入无度，从者并执矛铤锥锯自随，有忤意，击脑椎阴、刺心剖腹之诛，日有数十”[2]，结果仍旧是一派“内外百司，人不自保”的惶恐局面[3]。

明帝泰始三年(467)，王俭“年十八，解褐秘书监，太子舍人，超迁秘书丞”[4]，已经步入仕途，肃杀的社会氛围，对其思想观念应该有直接的影响，而汉武帝之猜忌诛戮，与文帝等刘宋诸帝，亦颇多相似之处。如史称武帝时诏狱大兴，“二千石系者新故相因，不减百余人。郡吏大府举之廷尉，一岁至千余章”[5]；又武帝时自公孙弘出任丞相并得以善终其位之后，有“李蔡、严青翟、赵周、石庆、公孙贺、刘屈牦继踵为丞相，……唯庆以惇谨，复终

{1}　刘体仁《通鉴札记》卷八“明帝杀戮宗亲而祚以斩”条，页430。

{2}　宋刘敞《南北朝杂记》(扬州，广陵书社，2007，影印道光十一年六安晁氏木活字排印清曹溶辑《学海类编》本)之“宋幼帝”条，页647。案关于前、后废帝以及武帝子少帝之荒唐，刘宋帝室之自相屠戮，清人赵翼在所撰《廿二史札记》卷一一“宋齐多荒主”条(页231—233)与“宋子孙屠戮之惨”条(页240—241)有更详细叙述，请参看。

{3}　《宋书》卷九《后废帝纪》，页189。

{4}　《南史》卷二二《王俭传》，页591。

{5}　《汉书》卷六〇《杜周传》，页2660。参见清赵翼《廿二史札记》卷三“武帝时刑罚之滥”条，页58。

相位，其余尽伏诛”[1]。“石庆虽以谨得终，然数被谴。”如此恐怖的政治现实，吓得公孙贺在拜相时竟“顿首涕泣”而不敢接受印绶。后来虽被汉武帝强行擢任为丞相，公孙贺却心知性命“从是殆矣”，最终果然落得个“父子死狱中，家族”的下场[2]。面对宋文帝的所作所为，王俭似乎很容易联想到汉武帝的身影。

王俭在南齐武帝永明五年（487）去世时虽然年仅三十八岁，但他“幼有神彩，专心笃学，手不释卷”，“少撰《古今丧服集记》”，在宋后废帝元徽元年（473）二十四岁时，就写成目录学名著《七志》三十卷进献，继之又写成《元徽四部书目》[3]。撰著像《汉武故事》那样的神仙故事，要比这些严肃的学术著作容易很多，所以，同样有可能是撰著于刘宋时期。考虑到前文所说何承天等人为本朝写史时对宋文帝的行事都不敢秉笔直书的情况，王俭借此神仙故事来曲折地表现他对这场宫廷争斗的看法，应该也是一种合乎情理的做法。

循此思路，进一步分析，我们可以看到，《汉武故事》中展现的戾太子之“守文”理念，不仅与刘劭反对宋文帝兴兵北伐的主张相一致，也与王俭本人的政治倾向相吻合。所谓“守文”，对外为慎兴征伐，对内则为宽治生民，节用财力。入齐后，因“都下舛杂，且多奸盗，上欲立符伍，家家以相检括”；又宋明帝所建紫极殿，本“珠帘绮柱，饰以金玉，江左所未有”，而高帝有“坏宋明

---

[1] 《汉书》卷五八《公孙弘传》，页 2623。

[2] 《汉书》卷六六《公孙贺传》，页 2877—2878。

[3] 《宋书》卷九《后废帝纪》，页 180；又《南齐书》卷二三《王俭传》，页 433、438。

帝紫极殿，以材柱起宣阳门”等兴作，凡此，王俭俱上表切谏，以为“京师翼翼，四方是凑，必也持符，于事既烦，理成不旷，谢安所谓‘不尔何以为京师’”，又云：“俭者德之舆，……守文中主，尚使谏诤在义即悦，况陛下圣哲应期，……兴土木之役，非所以宣昭大猷，光视遐迩。”{1}由此可以清楚地看出王俭守文持静的思想观念。

除了司马光在《资治通鉴》中采录的内容之外，在《续谈助》节录本《汉武故事》当中，还有两条纪事，应是用以反映这一“守文”思想。其中一条为：

> 元光元年（前134），天星大动，光耀焕焕竟天，数夜乃止。上以问董仲舒，对曰：“是谓星摇民，人劳之妖也。”是时谋伐匈奴，天下始不安。上谓仲舒妄言，意欲诛之。仲舒惧乞补刺史以自效，乃用为军候，属程不识，屯雁门。

另一条为：

> 上善接士大夫，拔奇取异，不问仆隶，故能得天下奇士。然性急，不贷小过，汲黯每谏上曰：“以有限之士，咨无已之诛，臣恐天下贤才能尽，陛下欲与谁为理乎？”上笑曰：“夫才为世出，何时无才？且所谓才者，犹可用之器也，才不应务，

{1}《南齐书》卷二三《王俭传》，页434。《南史》卷二二《王俭传》，页593。

> 是器不中用也。不能尽才以处事，与无才同也，不杀何施？”黯曰：“臣虽不能以言屈陛下，而心犹以为非，愿陛下自今改之，无以臣愚为不知理也。”上顾谓群臣曰：“黯自言便辟，则不然矣；自言其愚，岂非然乎？”时北伐匈奴，南诛两越，天下骚动，黯数谏争，上弗从，乃发愤谓上曰：“陛下耻为守文之君，欲希奇巧于争表，臣恐欲益反损，取累于千载也。”上怒，乃出黯为郡吏，黯忿愤，疽发背死。赐谥刚侯。[1]

前后对照，尤易理解王俭借汉武帝与戾太子事来表现他对刘劭反对宋文帝之举的同情；也正是基于这样的政治见解，他才按照自己对刘劭政治主张的理解，在《汉武故事》中刻意塑造出一个与汉武帝有着完全不同治国理念的戾太子形象。

---

[1] 宋晁载之《续谈助》卷三录题汉班固撰《汉武故事》，页64、66—67。

第六章

汉武帝谓戾太子不类己故事的原型

民国初年浙江瑞安人李笠撰著《史记订补》，勾稽归纳《史记》著述通例一十有二，杨树达称誉李氏能“求其所以然之故”[1]。在李笠总结的这十二条通例当中，开示太史公运笔有“叚托”一法：

> 史贵详实，然亦有意主形夸，词务奇谲者，不可以循名而责实也。《鲁世家》周公戒伯禽曰：“我一沐三抓发，一饭三吐哺，起以待士。”《吕览》《淮南》并以其事属之夏禹。《李将军传》广出猎，见草中石以为虎而射之，中石没镞，《吕览》以为养由基，《韩诗外传》《新序》又以为楚熊渠子。盖一以形容礼贤之殷，一以夸张艺术之精，初非信有其事也。若必和其事迹、考

{1} 李笠《史记订补》（长沙，岳麓书社，1994，《二十五史三编》影印民国年间瑞安李氏刻本）卷首杨树达序，页463。

> 其时代，不以慎乎？即如《滑稽列传》淳于髡言大鸟不飞不鸣，与伍举语同，苟不明叚托之谊，何所适从？[1]

李笠所说，应属世人讲述史事，于口耳相传之际，以其性质或情形类同而无意羼入的前人典型事例，一经史家著于竹帛，后人读之，便见事同时异，或是事同人异。王俭写作《汉武故事》，本是编造历史故事，自易借取前人相关行事，作为创作的原型。

例如，在洪颐煊的辑本中，我们可以看到下面这样一段《汉武故事》的内容：

> 上尝辇至郎署，见一老郎，鬓眉皓白〔案《文选》注作"龙眉皓发"〕，衣服不完。上问曰："公何时为郎？何其老矣！"对曰："臣姓颜，名驷，江都人也〔案《文选》注作'颜驷，不知何许人也'〕，文帝时为郎。"上问曰："何不遇也？"驷曰："文帝好文，臣好武；景帝好老，臣又少〔案《文选》注作'景帝好美，臣貌丑'〕。陛下即位，好少，臣已老，是以三世不遇。"上感其言，拜为会稽都尉〔《后汉书·张衡传》注。《北堂书钞》一百四十。《文选·思玄赋》注。《太平御览》三百八十三，又七百七十四〕。[2]

---

[1] 李笠《史记订补》卷首《史记订补叙例》，页464—465。

[2] 清洪颐煊辑《经典集林》（民国丙寅海宁陈氏慎初堂影印清嘉庆间《问经堂丛书》本）卷一五《汉武故事》，页2b。

不同文献所引述文字的差异，正显示出像这样的故事在流传过程中很容易发生变形，而在东汉人王充撰著的《论衡》一书中，我们可以看到这个故事更早的原型：

> 昔周人有仕数不遇，年老白首，泣涕于涂者。人或问之："何为泣乎？"对曰："吾仕数不遇，自伤年老失时，是以泣也。"人曰："仕奈何不一遇也？"对曰："吾年少之时，学为文，文德成就，始欲仕宦，人君好用老。用老主亡，后主又用武。吾更为武，武节始就，武主又亡。少主始立，好用少年，吾年又老，是以未尝一遇。"仕宦有时，不可求也。[1]

两相比较，恰如父子母女间之身形面影，可以清楚地看出《汉武故事》从中脱胎而出的貌像。

与此相似，王俭在《汉武故事》中塑造的汉武帝与戾太子这一组对立形象，除了以他所要寄寓的宋文帝与太子刘劭之间的冲突作为参照的背景之外，我们还可以在西汉的历史中看到其所依托的另外一些历史原型。

如前引《通鉴》所见，《汉武故事》对武帝与戾太子之间两种治国理念和两条施政路线分歧的描写，是由戾太子"性仁恕温谨，上嫌其材能少，不类己"这段文字展开的。虽然在汉武帝与戾太子

---

[1] 汉王充《论衡》（上海，商务印书馆，民国《四部丛刊初编》影印涵芬楼藏明嘉靖通津草堂刻本）卷一《逢遇篇》，页4b。

之间实际上并不存在这样的事情，但西汉其他皇帝对身居储位的太子确实有过这样的看法。

第一位皇帝是汉高祖刘邦。《史记·吕太后本纪》记云：

> 吕太后者，……生孝惠帝，……及高祖为汉王，得定陶戚姬，爱幸，生赵隐王如意。孝惠为人仁弱，高祖以为不类我，常欲废太子，立戚姬子如意，如意类我。戚姬幸，常从上之关东，日夜涕泣，欲立其子代太子。吕后年长，常留守，希见上，益疏。如意立为赵王后，几代太子者数矣，赖大臣争之，及留侯策，太子得毋废。{1}

惠帝为人处世，确实宅心仁厚，其极力护持赵王如意、齐王肥免遭生母吕后毒手，怜悯戚夫人遭吕后残害为“人彘”，俱出自一片赤诚爱心，与汉高祖刘邦之雄强阴鸷，适成鲜明对比。虽然仅仅在位七年，即过早离世，而在吕后控制之下，未能实际掌控权柄，但从其仁弱天性来看，若能享年长久，亲理国政，其所施政令确应较刘邦远为宽柔。

刘邦是汉朝的开国皇帝，对后世影响巨大，他与惠帝之间这种鲜明的品格对比，以及他因惠帝与己不类而想要将其废黜这些情况，很容易给自幼即“专心笃学，手不释卷”的王俭留下深刻印象，在塑造戾太子形象时，将其移用于《汉武故事》当中。

{1} 《史记》卷九《吕太后本纪》，页395。

又《吕太后本纪》称惠帝为太子时，赖留侯之策始得免遭废黜，这是指张良为吕后划策，延请所谓“商山四皓”为其护佑储位事。《史记·留侯世家》记载张良迫使刘邦放弃易储计划事云：

> 汉十二年上从击破布军归，疾益甚，愈欲易太子。留侯谏，不听，因疾不视事。叔孙太傅称说引古今，以死争太子。上佯许之，犹欲易之。及燕，置酒，太子侍。四人从太子，年皆八十有馀，须眉皓白，衣冠甚伟。上怪之，问曰：“彼何为者？”四人前对，各言名姓，曰东园公、角里先生、绮里季、夏黄公。上乃大惊，曰：“吾求公数岁，公辟逃我，今公何自从吾儿游乎？”四人皆曰：“陛下轻士善骂，臣等义不受辱，故恐而亡匿。窃闻太子为人仁孝，恭敬爱士，天下莫不延颈欲为太子死者，故臣等来耳。”上曰：“烦公幸卒调护太子。”
>
> 四人为寿已毕，趋去。上目送之，召戚夫人指示四人者曰：“我欲易之，彼四人辅之，羽翼已成，难动矣。吕后真而主矣。”戚夫人泣，上曰：“为我楚舞，吾为若楚歌。”歌曰：“鸿雁高飞，一举千里。羽翮已就，横绝四海。横绝四海，当可奈何！虽有矰缴，尚安所施！”歌数阕，戚夫人嘘唏流涕，上起去，罢酒。竟不易太子者，留侯本招此四人之力也。[1]

这个商山四皓护持太子的故事，传奇意味浓重，本来有很多史学家

{1}　《史记》卷五五《留侯世家》，页2046—2047。

不敢信以为真[1]，但《汉武故事》中“群臣宽厚长者皆附太子”的说法，却有可能在很大程度上是由此衍生而来的。

汉朝嫌太子不类于己的第二位皇帝是汉宣帝。《汉书·元帝纪》记云：

> 孝元皇帝，宣帝太子也。母曰共哀许皇后，宣帝微时生民间。年二岁，宣帝即位。八岁，立为太子。壮大，柔仁好儒。见宣帝所用多文法吏，以刑名绳下，大臣杨恽、盖宽饶等坐刺讥辞语为罪而诛，尝侍燕从容言：“陛下持刑太深，宜用儒生。”宣帝作色曰：“汉家自有制度，本以霸王道杂之，奈何纯任德教，用周政乎！且俗儒不达时宜，好是古非今，使人眩于名实，不知所守，何足委任！”乃叹曰：“乱我家者，太子也！”由是疏太子而爱淮阳王，曰：“淮阳王明察好法，宜为吾子。”而王母张倢妤尤幸。上有意欲用淮阳王代太子，然以少依许氏，俱从微起，故终不背焉。[2]

---

[1] 案对此事疑而不信的学者，就包括司马光在内。司马光在《资治通鉴考异》卷一（页2）曾特地考辨此事，以为《史记·留侯世家》所记本非事实，乃“司马迁好奇多爱而采之”。案此点承蒙北京大学历史系同事张帆教授的教示，谨致谢意。又案《史记》所记商山四皓事虽然颇有传奇成分羼入其中，但也语出有因。《古文苑》卷一〇载录的《汉高祖手敕太子书》（页74），有一通述及此事，云：“尧舜不以天下与子而与它人，此非为不惜天下，但子不中立耳。人有好牛马尚借（惜），况天下耶？吾以尔是元子，早有立意。群臣咸称汝友四皓，吾所不能致，而为汝来，为可任大事也。今定汝为嗣。”可见《史记》的记载应当具有一定的史实基础。

[2] 《汉书》卷九《元帝纪》，页277。

汉宣帝虽然没有直接使用太子不类于己的词语，但已清楚地讲明太子的治国理念与自己有明显差别，不如淮阳王更适宜作执行自己国策的太子，其父子之间的主要差别，则同样是太子“柔仁好儒”，而宣帝以为治国者应当“明察好法”。

若干年前，我曾偶然购得一部明人写本，失去作者姓名，乃是阅读《资治通鉴》的札记，其中列有一“责太子”的条目，谓：“太子仁柔好儒术，是治家者而非乱家者也。宣帝爱次子而不爱太子，其真乱家者乎？于是反以乱家责太子，而不自觉其非焉。呜呼，宣帝遭巫蛊之难，备知武帝父子贼恩之惨矣，而又有此自贼其子之言，夫岂生于忧患者耶？”[1]（见图十）实则宣帝这番说教，适可反证所谓戾太子仁厚不类武帝之说，本应该是从宣帝与其太子的关系中衍生而来。不然，因戾太子即宣帝祖父，其事既为自己祖父亲所遭遇，并由此令祖父蒙难，自己幼年也因此而备尝艰辛，宣帝何以竟会如此简单地旧调重弹，“自贼其子”？

事实上，不仅是前面谈到的汉昭帝前期，整个昭帝以至宣帝两朝，尽管在某些具体施政措施上，曾经略有调整，但从总的方针路线上来说，都在一直坚定地执行武帝以来的内外国策，即“以霸王道杂之”的所谓“汉家制度”。即如前面提到的司马光所称颂昭帝用贤良文学之议而罢废盐铁、榷酤、均输等法，实际上仅仅是“罢权酤官”而已，并且同时又“令民得以律占租，卖酒升四钱”，亦

{1}　明佚名撰失题篇名之读《通鉴》札记（寒斋藏明末写本）之“责太子”条（案此本无页码）。

即另行强征酒税，没有做出什么实质性改变[1]。在霍光主政的昭帝时期，甚至连汉武帝在所谓“轮台诏书”中一度停罢的屯田轮台之事，霍光亦“用桑弘羊前议”而复行之[2]。又如前面第一节曾经提到《汉书·食货志》也与《汉书·西域传》一样，记载“武帝末年，悔征伐之事，乃封丞相为富民侯”，而《汉书·食货志》复记云汉武帝为落实他在轮台诏书中下达的“方今之务，在于力农”这一指令，尚命“以赵过为搜粟都尉”，盖以“过能为代田，一岁之收常过缦田亩一斛以上，善者倍之”。虽然试种的结果表明，用这种代田法种植谷物，确实“用力少而得谷多”[3]，但这并不能像张维华等一些学者过去所说的那样，简单地将其理解为一种旨在“富民”的政策[4]。盖《汉书·食货志》下文尚有记载云，农田收成提高之后，“课得谷皆多其旁田晦一斛以上”[5]，自己清楚说明这种促进农业生产的举措，目的并不是想要恢复“文景之恭俭以济斯民”，而是如同“搜粟都尉”这一官名所显示的那样，意在为朝廷增加搜刮民脂民膏的数量，汉武帝所标榜“富民”云者，实乃诤臣汲黯所当面拆穿的本性使然，不过“内多欲而外施仁义”而已[6]。

{1} 《汉书》卷七《昭帝纪》，页224；又卷二四下《食货志》下，页1176。陶元甘《居延汉简笺证》（北京，北京图书馆出版社，2007，《汉简研究文献四种》影印民国稿本），页496—497。

{2} 《汉书》卷九六下《西域传》下，页3912—3916。

{3} 《汉书》卷二四上《食货志》上，页1138—1139。

{4} 张维华《论汉武帝》第四章《汉武帝时期的社会问题和经济问题以及汉武帝对于这些问题的措施》，页129—132。

{5} 《汉书》卷二四上《食货志》上，页1138—1139。

{6} 《史记》卷一二〇《汲郑列传》，页2774。

《汉书·宣帝纪》载宣帝在即位之后未久的本始二年（前72）五月，曾颁下诏书云："朕以眇身奉承祖宗，夙夜惟念孝武皇帝躬履仁义，选明将，讨不服，匈奴远遁。平氐、羌、昆明、南越，百蛮乡风，款塞来享。建太学，修郊祀，定正朔，协音律；封泰山，塞宣房。符瑞应，宝鼎出，白麟获，功德茂盛，不能尽宣，而庙乐未称，其议奏。"于是"有司请宜加尊号。六月庚午，尊孝武庙为世宗庙，奏盛德、文始、五行之舞，天子世世献。武帝巡狩所幸之郡国，皆立庙"[1]。如此颂扬汉武帝的文治武功，正是出自他对武帝各项大政方针的全面继承[2]。史称"宣帝颇修武帝故事，宫室车

{1} 《汉书》卷八《宣帝纪》，页243。

{2} 案《汉书》卷七五《夏侯胜传》（页3156—3157）记此汉宣帝为武帝立庙乐事，较《武帝纪》为详，文曰："宣帝初即位，欲褒先帝。诏丞相御史曰：'朕以眇身，蒙遗德，承圣业，奉宗庙，夙夜惟念。孝武皇帝躬仁谊，厉威武，北征匈奴，单于远遁，南平氐羌、昆明、瓯骆两越，东定薉、貉、朝鲜，廓地斥境，立郡县，百蛮率服，款塞自至，珍贡陈于宗庙；协音律，造乐歌，荐上帝，封太山，立明堂，改正朔，易服色，明开圣绪，尊贤显功，兴灭继绝，褒周之后，备天地之礼，广道术之路。上天报况，符瑞并应，宝鼎出，白麟获，海效巨鱼，神人并见，山称万岁。功德茂盛，不能尽宣，而庙乐未称，朕甚悼焉，其与列侯、二千石、博士议。'于是群臣大议廷中，皆曰：'宜如诏书。'长信少府胜独曰：'武帝虽有攘四夷广土斥境之功，然多杀士众，竭民财力，奢泰亡度，天下虚耗，百姓流离，物故者半。蝗虫大起，赤地数千里，或人民相食，畜积至今未复。亡德泽于民，不宜为立庙乐。'公卿共难胜曰：'此诏书也。'胜曰：'诏书不可用也。人臣之谊，宜直言正论，非苟阿意顺指。议已出口，虽死不悔。'于是丞相义、御史大夫广明劾奏胜非议诏书，毁先帝，不道，及丞相长史黄霸阿纵胜，不举劾，俱下狱。有司遂请尊孝武帝庙为世宗庙，奏盛德、文始、五行之舞，天下世世献纳，以明盛德。武帝巡狩所幸郡国凡四十九，皆立庙，如高祖、太宗焉。"读此夏侯胜谏语及其因"毁先帝"而下狱之事，尤可见宣帝与执政的霍光乃着意维护汉武帝的形象和治国理念，而刘彻至死，在治国路线上必绝无改辙易途之举。

服盛于昭帝”，有上言劝谏者亦以为迂阔[1]；刘向《别录》谓“申子学好刑名”，而“宣帝好观其君臣篇”[2]，就都是对此很好的印证。

宋人王应麟尝综合相关记载，概括昭、宣二帝时期汉朝的政治状况说：“昭帝幼，霍光秉政，……遵武帝法度，以刑罚痛绳群下。繇是俗吏上严酷以为能。……武帝用法之深，霍光因而不革，绳下益峻。……宣帝好观《申子·君臣篇》，所用多文法吏，忠厚之泽斩焉。……以刑名绳下，以法律为《诗》《书》，帝之治体可见。”[3]这显然不是什么“守文”的气象。

直到后来元帝继位以后，才从根本上改变了这样的指导思想，纯用儒家理念治国，从而真正转向所谓“守文”之路。东汉人崔寔撰著《政论》，称“孝宣皇帝明于君人之道，审于为政之原，故严刑峻法，破奸宄之胆，海内清肃，天下谧如。嘉瑞并集，屡获丰年。荐勋祖庙，享号中宗。筭计见效，优于孝文。元帝即位，果行宽政，卒以堕损。威权始夺，遂为汉室基祸之主。治国之道，得失之理，于斯可以鉴矣”[4]。通读《汉书》相关记载，不难看出，宣、元二帝间施政理念的变化，实际上正是对汉武帝以来治国方略的转折性更改。故顾颉刚称赞崔氏“论汉事甚是”，并谓“武、

{1} 《汉书》卷七二《王吉传》，页3062—3065。

{2} 《汉书》卷九《元帝纪》唐颜师古注引刘向《别录》，页278。

{3} 宋王应麟《通鉴答问》卷五“置廷尉平”条，页76—77。

{4} 唐欧阳询等《艺文类聚》（上海，上海古籍出版社，1982）卷五二《治政部·论政》引东汉崔寔《政论》，页938—939。

宣之好儒，好其名耳，元、成之好儒，乃好其实”[1]；钱穆论汉代学术，亦云“汉武、宣用儒生，颇重文学，事粉饰。元、成以下，乃言礼制，追古昔，此为汉儒学风一大变”；或曰“汉帝重儒者，则古昔，则自孝元始，莽政亦承自孝元遗风”。通贯有汉一代文化与政治的演变，综而论之，则谓“元成哀平新莽之际，学术风尚之趋变，政制法度之因革，其迹可以观”[2]，这显然是把元成以降直至王莽新朝，作为有别于此前孝武昭宣诸朝的一个历史阶段。汉宣帝与元帝之间不同治国理念而导致的这一重大政治变化，更适合王俭将他们父子之间这种对比关系，移用为汉武帝和戾太子故事的原型。

2012年11月7日草稿
2013年12月13日改定
2014年1月23日再次修改定稿

{1} 顾颉刚《顾颉刚读书笔记》第六卷《古柯庭琐记》(一) 之“崔寔论宣、元二帝”条，页4060；又《得性轩读鉴记》(二) 之“元帝实现儒家理想”条、“元、成好儒”条，页4679—4680、4689。

{2} 钱穆《刘向歆父子年谱》，刊《古史辨》第五册（北平，朴社，1935），页106、122、183。案关于钱穆对元帝以后汉代学术、政治之转折性变化的认识，承蒙北京大学历史系同事张帆教授的教示，谨致谢意。

附　录

汉武帝太子据施行巫蛊事述说

在西汉时期所谓巫蛊之祸这一事变当中，汉武帝太子刘据，因巫蛊事发而不得不发兵反叛，最终兵败自杀。后世学者，论及此事，多谓此事纯粹出于江充陷害，太子据并未行用巫蛊；即心存审慎者，亦不过表述为其事或许如此而已。前此我撰写《汉武帝晚年政治取向与司马光的重构》一文（此文后单行出版一小册子，题作《制造汉武帝》），其中提到太子据应是确实施行了这一巫术，很多人感觉难以接受，纷纷以各种各样的形式发表看法。其中虽然也有学术论文，但更多的只是一种议论，以为拙说不能成立。

很多历史问题，因史料记载不够明晰，学者们基于各自的主观原因而做出不同的解读，从而持有不同的看法，本来很难彼此认同。尽管如此，我还是想在这里详细讲述一下我对这一问题的思索，以供认真关心这一事件的学者或历史爱好者参考，令这些朋友更具体、同时也更为切实地了解我的想法。至于了解之后，是否愿意接受，仍不过各信其是而已。

需要说明的是，关于汉武帝时期的巫蛊之祸，当代学者中，有很多人，做过乍看起来好像很深入的探讨，例如劳榦、田余庆、蒲慕州等。但我读后，感觉这些论述，似乎都与《汉书》等基本史料的记载，存在很大的隔阂，甚至明显的抵牾，好像总是作者自己想得太多了一些。因学识所限，一时我还难以领会这些高论与历史事实之间的确切联系。本着“知之为知之，不知为不知”的古训，这里暂不涉及他们着力探讨的那些史料中隐而不显的问题。

一 论证的前提

近人吕思勉，在所著《秦汉史》中，对巫蛊之祸始末，做过比较细致的梳理，多信而质实。本文所论，很大程度上便是基于这一基础。当时所谓“巫蛊”，如吕氏所说：“蛊之道多端，武帝时期所谓巫蛊者，则为祝诅及埋偶人。”[1] 这是本文立论的一项基本前提。

论及汉武帝时期的巫蛊之祸，我们首先需要明确，当时人们行用巫蛊之术，只要不以汉家天子为祝诅对象，一般并不违法。

溯其缘起，在秦代，就连朝廷，甚至都设有专门施行这种法术的“秘祝”之官，“即有菑祥，辄祝祠移过于下”。唐人张守节对此解释说：“谓有灾祥，辄令祝官祠祭，移其咎恶于众官及百姓

{1} 吕思勉《秦汉史》（上海，上海古籍出版社，1983）第五章第十一节《巫蛊之祸》，页146—149。

也。”[1] 如此赤裸裸地以民为壑，堂而皇之地引祸水而下流，而且一直沿袭到汉文帝十三年夏，始废除这种做法[2]，犹可见此等巫术盛行的程度。民间普遍合理合法地施行，自在情理之中。

在废除此法之前的汉文帝二年三月，孝文皇帝刘恒发布了一道涉及巫蛊的重要诏令：

> 古之治天下，朝有进善之旌，诽谤之木，所以通治道而来谏者。今法有诽谤妖言之罪，是使众臣不敢尽情，而上无由闻过失也。将何以来远方之贤良？其除之。民或祝诅上，以相约结而后相谩，吏以为大逆。其有他言，而吏又以为诽谤。此细民之愚，无知抵死，朕甚不取。自今以来，有犯此者勿听治。[3]

诏书中“民或祝诅上，以相约结而后相谩”这句话，今中华书局新点校本《史记》原本连读为“民或祝诅上以相约结而后相谩”，语义不明，而看裴骃《史记集解》和张守节《史记索隐》所做旧注，则愈加糊涂不清。[4]

通观上下文义，知汉文帝乃云为“通治道”而欲除去“诽谤”和“妖言”两罪（《史记·汉兴以来将相名臣年表》将文帝此举概

---

[1] 《史记》（北京，中华书局，2014）卷二八《封禅书》并唐张守节《正义》，页1656—1657。

[2] 《史记》卷一〇《孝文本纪》，页541。

[3] 《史记》卷一〇《孝文本纪》，页537。

[4] 案关于《史记》这段文字的标点，别详拙文《中华书局新印纸皮简装本〈史记〉补斠》，待刊。

括为“除诽谤律”[1]），而作为这两项罪名具体针对的罪行，汉文帝列举的“妖言”之罪是“民或祝诅上”，亦即直接诅咒当今皇帝，故“吏以为大逆”。如此严重的行径，竟然能够得到汉文帝的宽宥，本来有一个重要前提，这就是皇帝在已经与民“相约结”亦即应允民众的情况下，随后复又“相谩”，也就是朝廷说话不算数，言而无信，蒙骗民众。因而，并不是任何一种诅咒皇帝的“妖言”，都可以从宽发落，免除其罪责。台湾学者蒲慕州，曾以为汉文帝此诏是取消了“祝诅上”为“大逆”亦即处以死罪的律条[2]，误解殊甚。这一事例向我们提示，当时在特殊情况下，即使是直接祝诅今上，也是可以免受惩罚的。那么，民间百姓之间，行用巫蛊之术，更不会轻易获罪。

又据《汉书·武帝纪》记载，天汉二年（前99）秋，“止禁巫祠道中者”。曹魏时人文颖注云：“始汉家于道中祠，排祸移咎于行人百姓，以其不经，今止之也。”但唐人颜师古并不赞同他的看法，以为“文说非也。秘祝移过，文帝久已除之。今此总禁百姓巫觋于道中祠祭者耳”[3]。吕思勉以为，在对天汉二年秋朝廷这项禁令的解释上，应以颜师古所说为妥，但这并不等于“汉家果无祠道中之事”，文颖“其言自有所据也”[4]。今案文颖所说，指出了秦汉时人

[1] 《史记》卷二二《汉兴以来将相名臣年表》，页1335。

[2] 蒲慕州《巫蛊之祸的政治意义》，刊《“中研院”史语所集刊》第57本第3分（1986年），页517—518。

[3] 《汉书》（北京，中华书局，1962）卷六《武帝纪》并唐颜师古注，页203。

[4] 吕思勉《秦汉史》第五章第十一节《巫蛊之祸》，页147。

于道中设祠的实质性用意，乃“排祸移咎于行人百姓”，亦即没有特定指向地把灾祸引向无辜的过路行人[1]；同时也符合此番汉廷颁发诏书的旨意，日本学者狩野直喜就明确指出，在所有各种解释当中，应“以文说最长”[2]。正因为这样行用的巫术过于荒唐，所以，汉武帝才在天汉二年予以禁止[3]，而颜师古把汉文帝十三年废除朝廷秘祝之官移祸于下的做法，看作除去一切“秘祝移过”行为，所说并不合理。这一事例，同样透露出：当时除了没有合理理由而直接祝诅当朝的皇帝，或者如此这般在道路中祠祝以随机移祸于无辜行人之外，其他民间的巫觋蛊祝行为，以其冤有头，债有主，并不会受到法律的限制与处罚，即这本是一种合法的行为。——这是我们讨论武帝时期巫蛊之祸问题的另一项重要基础。

对此，需要适当予以说明的是，东汉时人郑玄，在注释《周礼》“庶氏，掌除毒蛊，以攻说禬之，嘉草攻之”这一文句时，引述汉代律文注云：

{1} 案吕思勉《吕思勉读史札记》（上海，上海古籍出版社，2005）乙帙《秦汉》之第四一九条“禁巫祠道中”条（页820—821）对此有更为具体的论述。

{2} 狩野直喜《汉书补注补》，见作者文集《两汉学术考》（东京，筑摩书房，1964），页299。

{3} 案吕思勉《秦汉史》第五章第十一节《巫蛊之祸》（页147）尝引述《汉书》卷八六《王嘉传》（页3496）记汉哀帝时王嘉言董贤母病，“长安厨给祠具，道中过者皆饮食”，以此作为汉家自有“祠道中之事”的例证，所说诚是。盖如曹魏时人如淳注（页3497）所云，“祷于道中，故行人皆得饮食”，而董贤之所以能够不受武帝天汉二年以来的法律限制，依然“巫祠道中”，只能是汉哀帝因宠爱董贤而破格施与的恩典。同时，又因无端移祸于路人，朝廷禁绝已久，不得不以令“行人皆得食”的方式略加抚慰。

《贼律》曰："敢蛊人及教令者弃市。"[1]

蒲慕州曾引述此文，以为这显示汉朝治理巫蛊之罪的律法，或有处以死罪的规定，只是在汉文帝已经取消了处死行巫蛊者律条的情况下，不知"这条法律是何时开始施行的"[2]。今案汉文帝取消行巫蛊者死罪的看法，上文已说明其谬误。又《周礼》记述的"毒蛊"，郑玄释为"虫物而病害人者"。复检视《周礼》此条上一条为："冥氏，掌设弧张，为阱擭以攻猛兽，以灵鼓驱之。若得其兽，则献其皮革齿须备。"下一条乃是："穴氏，掌攻蛰兽，各以其物火之，以时献其珍异皮革。"[3] 相互参证，通观其说，可知《周礼》所记"毒蛊"，应当是实指自然界里活生生的有毒"虫"类动物，这与西汉埋设偶人以行祝诅的巫蛊之术，性质完全不同。而汉朝的法律，是要将用毒虫害人的犯人以及教令害人的指使者，一并处以弃市之刑。《史记·淮南衡山列传》载衡山王赐，有姬徐来，尝"使婢蛊道杀太子母"，在衡山王与淮南王安谋反事败露之后，被论此罪弃市[4]，正符合郑玄引述汉律对教令蛊人一罪的规定。孰知今蒲慕州却将其视作以偶人祝诅所行巫蛊之术或可杀人的事例[5]，实在

[1] 汉郑玄注《周礼》（北京，中华书局，1992，《古逸丛书三编》影印北京图书馆藏南宋刻本）卷一〇《秋官司寇》下，页3a。

[2] 蒲慕州《巫蛊之祸的政治意义》，刊《"中研院"史语所集刊》第57本第3分，页518。

[3] 汉郑玄注《周礼》卷一〇《秋官司寇》下，页2b—3a。

[4] 《史记》卷一一八《淮南衡山列传》，页3760—3762。

[5] 蒲慕州《巫蛊之祸的政治意义》，刊《"中研院"史语所集刊》第57本第3分，页519。

匪夷所思。又此等“蛊道”，后世多称“蓄蛊杀人”。《隋书·地理志》记述其中一种具体的方法说：

> 以五月五日聚百种虫，大者至蛇，小者至虱，合置器中，令自相啖，余一种存者留之，蛇则曰蛇蛊，虱则曰虱蛊，行以杀人。因食入人腹内，食其五藏，死则其产移入蛊主之家，三年不杀他人，则畜者自钟其弊。累世子孙相传不绝，亦有随女子嫁焉。[1]

直到清朝，此等蛊术，仍时时发生，朝廷且亦同样以死罪治之。《清经世文编》里收录有一篇《除养蛊示》，就讲到相关的情况[2]。因知此蛊非彼蛊，蒲氏所说，与事实相差太远，置之可也。

二　太子据巫蛊事件的经过

事关太子据的所谓“巫蛊之祸”，其具体经过，在《汉书·戾太子传》中有比较清楚的记载：

> 武帝末，卫后宠衰，江充用事。充与太子及卫氏有隙。会巫蛊事起，充因此为奸。
>
> 是时，上春秋高，意多所恶，以为左右皆为蛊道祝诅，穷

{1}　《隋书》（北京，中华书局，1973）卷三一《地理志》下，页887。

{2}　清贺长龄《皇朝经世文编》（北京，中华书局，1992，影印清光绪十二年思补楼重校本）卷九二《刑政》三金铁《除养蛊示》，页2282。

治其事。丞相公孙贺父子，阳石、诸邑公主，及皇后弟子长平侯卫伉皆坐诛。……

充典治巫蛊，既知上意，白言宫中有蛊气，入宫至省中，坏御座掘地。上使按道侯韩说、御史章赣、黄门苏文等助充。充遂至太子宫掘蛊，得桐木人。

时上疾，辟暑甘泉宫，独皇后、太子在。太子召问少傅石德，德惧为师傅并诛，因谓太子曰："前丞相父子、两宫主及卫氏皆坐此，今巫与使者掘地得征验，不知巫置之邪？将实有也？无以自明，可矫以节收捕充等系狱，穷治其奸诈。且上疾在甘泉，皇后及家吏请问皆不报，上存亡未可知，而奸臣如此，太子将不念秦扶苏事耶？"太子急，然德言。

征和二年（前 91）七月壬午，乃使客为使者收捕充等。按道侯说疑使者有诈，不肯受诏，客格杀说。御史章赣被创突亡，自归甘泉。太子使舍人无且持节夜入未央宫殿长秋门，因长御倚华，具白皇后，发中厩车载射士，出武库兵，发长乐宫卫，告令百官曰江充反。乃斩充以徇，炙胡巫上林中。遂部宾客为将率，与丞相刘屈氂等战。长安中扰乱，言太子反，以故众不肯附。太子兵败，亡，不得。{1}

当然还有其他一些相关的记述，随着问题的展开，下文还会有所征引。不过，通过上引《戾太子传》的内容，已经可以了解这一事

{1}《汉书》卷六三《戾太子传》，页 2742—2744。

件的基本情况。

按照《戾太子传》的记载，太子据被牵连到“巫蛊之祸”当中，首先是由于江充率人进入“太子宫掘蛊，得桐木人”。这种“桐木人”，也就是施展巫术时替代所诅咒对象的人偶。关于这一事件，首先，《戾太子传》文中“充遂至太子宫掘蛊，得桐木人”，这只是一种客观的记录。同样的记录，尚别见于《汉书·江充传》：

> 会阳陵朱安世告丞相公孙贺子太仆敬声为巫蛊事，连及阳石、诸邑公主，贺父子皆坐诛。……后上幸甘泉，疾病。充见上年老，恐晏驾后为太子所诛，因是为奸，奏言上疾祟在巫蛊。于是上以充为使者治巫蛊。充将胡巫掘地求偶人，捕蛊；及夜祠、视鬼染污令有处，辄收捕验治。烧铁钳灼，强服之。民转相诬以巫蛊，吏辄劾以大逆亡道，坐而死者前后数万人。
>
> 是时上春秋高，疑左右皆为蛊祝诅，有与亡，莫敢讼其冤者。充既知上意，因言宫中有蛊气，先治后宫希幸夫人，以次及皇后，遂掘蛊于太子宫，得桐木人。太子惧，不能自明，收充，自临斩之。骂曰：“赵虏前乱乃国王父子不足邪！乃复乱吾父子也！”太子繇是遂败。[1]

读文中“遂掘蛊于太子宫，得桐木人”这句话，与《戾太子传》的行文，几乎一模一样，简单明了，这里并没有什么其他的情节存在。

{1} 《汉书》卷四五《江充传》，页 2178—2179。

像《汉书》这样严谨的历史著作，其最基本、也是最为首要的功能，当然是如实记述史事。在有关巫蛊之案侦办与被告双方人物的传记里，都决然不见江充暗设计谋来诬陷太子据埋设桐木偶人以行蛊术的记载，清楚显示出这是一件在太子宫内实实在在发生了的事情，并非无中生有。

再来看东窗事发之后，《戾太子传》所记太子少傅石德的态度。当得知这一消息之后，他的第一反应，便是“惧为师傅并诛”。我们不妨设想一下当时的情形，若是不明就里，或是此事还存在太子自施巫蛊之外其他的可能，石德怎么会一下子想到自己会与太子据一并遭到诛戮？若是太子据在召唤他前来商议时就明确告诉他，此事出自江充栽赃陷害，他又何必再讲“今巫与使者掘地得征验”亦即已有确切物证证明太子据暗施蛊术这种废话？显而易见，惊慌之中，太子据并没有向这位少傅讲出诸如江充设计陷害之类的开脱词语。毕竟姜还是老的辣，危急关头，石德一下子就想到了从困境中挣脱出来的办法，以询问的口气说道：“不知巫置之邪？将实有也？无以自明。”——这个桐木偶人，究竟是司职搜查之巫自己安放的呢？还是此前确实就在宫里，这是你自己怎么也说不清楚的事情。——这是以一种委婉的形式，给太子据指明一条逃脱惩处的路径。——也就是反咬一口，说是江充预埋人偶陷害太子据。即使是在这种情况下，太子据也并没有向石德申明自己的无辜，事情的真相，实已昭然若揭。

办法好像是找到了，但这只是一种没有办法的办法。要想挣脱业已紧套在脖子上的锁链，只能孤注一掷，采用非法手段，抓住汉武帝特别委派的“治巫蛊”使者江充，投入黑牢，“穷治其奸诈”，也就是采取刑讯逼供（或许应包括江充辈使用过的“烧铁钳灼”等刑讯手段）、直至以死亡相胁迫的方式，令其不得不承认石德所捏造的江充令“巫置之”这一“奸诈”举动。然而，实际效果，并不理想。江充等人被捕之后，显然谁都没有屈服认账。无计可施的太子据，只好彻底孤注一掷，发兵反叛，希冀汉武帝或许已经病重不起，以求侥幸，并“斩充以徇，炙胡巫上林中”，用以发泄自己的愤恨[1]。

行文至此，需要对上引《江充传》一段内容的标点，略加说明。这就是“充将胡巫掘地求偶人，捕蛊；及夜祠、视鬼染污令有处，辄收捕验治。……”这段话，中华书局点校本原文点读为：“充将胡巫掘地求偶人，捕蛊及夜祠，视鬼，染污令有处，辄收捕验治，……”对这一段文字，前人的解读，一向不够明晰。如曹魏时人张晏释之曰：“充捕巫蛊及夜祭祠祝诅者，令胡巫视鬼，诈以酒醊地，令有处也。”[2]依此，似当读作“充将胡巫掘地求偶人，捕蛊及夜祠，视鬼染污令有处，辄收捕验治”云云。对此，唐人颜师古解释说：“捕夜祠及视鬼之人，而充遣巫污染地上，为祠祭之处，以诬其人也。”[3]如其所说，似是读作“充将胡巫掘地求偶人，捕蛊及夜祠、视鬼，染污令有处，辄收捕验治”云云。至清人王先谦，复以为“二说皆非也。巫能视鬼，故《田蚡传》蚡疾，一身尽

[1] 《汉书》卷六三《戾太子传》，页2742—2743。

[2] 《汉书》卷四五《江充传》唐颜师古注，页2178。

[3] 《汉书》卷四五《江充传》唐颜师古注，页2178—2179。

痛，上使视鬼者瞻之是也。夜祠者，夜祠祷而祝诅者也，下《息夫躬传》即其证言。捕蛊及夜祠之人，豫（预）埋偶人于其居，又以他物染污其处，托为鬼魅之迹，乃使胡巫视鬼所染污，令共知有埋蛊处，从而掘之”[1]。

实际上诸人所说，于整段文句的文法语序，俱有未安。盖地中埋设的偶人，系蛊术所需，故“胡巫掘地求偶人”而抓捕“蛊”者。然而“夜祠”与“视鬼”，是另外两种巫术（“视鬼”者迟至南北朝时期仍大行于世，唯通称“见鬼人”而已[2]），其施行法术时往往会“染污令有处”，亦即在作法处留下施展法术的痕迹，江充辈循此痕迹，“辄收捕验治”。至于其是否干犯国法，关键在于是否诅咒当朝天子，而不是这些巫术本身就是违法的勾当。这些蛊者、夜祠者、视鬼者，一旦遭受下吏行用“烧铁钳灼”之类的刑讯，在求死不得的情况下，即使毫无犯上之意，往往也都不得不屈认自己行用巫术乃是“大逆亡道”使然。

三　江充之奸

若是依循过去大多数人的解读，则江充总归都有暗自栽赃陷害好人的劣迹。早在唐朝初年，颜师古就是这样看待相关史事。这大概或多或少与他信从《三辅旧事》的记载，以为江充带领胡

{1}　清王先谦《汉书补注》（北京，中华书局，1983，影印清光绪二十六年虚受堂刊本）卷四五《江充传》，页1036。

{2}　《北史》（北京，中华书局，1974）卷八《齐本纪》，页300。

巫在太子宫中掘得的桐木偶人系“充使胡巫作而薶（埋）之”具有关联。今案《三辅旧事》撰著年代和作者都不够十分明晰，始见于《旧唐书·经籍志》著录，称“韦氏撰”[1]。审其内容，大抵东汉至曹魏时期著述。

这一内容，大多数人依据的是《汉书·江充传》颜师古的注语[2]，而其更为完整的叙述，见于《太平御览》所引：

> 江充为桐人，长尺，以针刺其腹，埋太子宫中。充晓医术，因言其事。[3]

尽管今所见《三辅旧事》的佚文，显示其纪事内容大多尚较为平实，但毕竟只是杂记琐事，其记述重大史事的可信性，远不能与《汉书》这样的“正史”相比。即以这一条记载而言，观其“充晓医术，因言其事”云云，即与《汉书》的记载存在巨大差异，且绝不可信据。因知江充预埋桐人于太子宫中的说法，也同样不足偏信。

关于江充预埋桐人于太子宫中，在唐代初年撰著的《礼记正义》当中，在疏释《礼记·王制》“执左道以乱政杀”语及郑玄注之“左道若巫蛊及俗禁”时，还有这样一段叙述：

{1} 《旧唐书》（北京，中华书局，1975）卷四六《经籍志》上，页1998。

{2} 《汉书》卷四五《江充传》唐颜师古注，页2179。

{3} 宋李昉等《太平御览》（北京，中华书局，1960，影印宋本）卷八三〇《资产部附医针》，页3704。

> 若巫蛊及俗禁者，《汉书》武帝时江充埋桐人于大（太）子宫是也。初江充曾犯大（太）子，后王将老，欲立大（太）子。大（太）子立，必诛充。充遂谋大（太）子，为桐人六枚，埋在大（太）子宫中。乃谗大子于帝曰："臣观大（太）子宫有巫气。"王遂令江充检之。果掘得桐人六枚，尽以针刺之。太子以自无此事，意不服，遂杀充。武帝故怒，遂遣丞相刘屈氂（氂、今简体字作"牦"）将兵伐大（太）子。大（太）子急，窜于湖县民家而藏。后事发，大（太）子遂自杀而死于其处。[1]

观其所述"后王将老，欲立大（太）子，大（太）子立，必诛充"云云，与《汉书》太子或将被废的记载绝然抵牾，即可知这段记述不仅不是出自《汉书》，而且显然属于所谓齐东野老之谈，就历史纪事的意义而言，本没有任何史料价值。

覆案当时的情况，可以看出，江充预令巫者偷埋桐人之说，实际很难说通。其最显而易见的事实是：堂堂太子宫中，江充如何能够派遣私人径行阑入？进一步看，汉武帝既为一代枭雄，做事用人，无不处处防范。江充虽然以其执法严厉而深得武帝信赖，但在委任他出任"治巫蛊"使者而入宫搜查之际，还是另外"使按道侯韩说、御史章赣、黄门苏文等助充"[2]。稍习中国古代专制君主行事手段者，应不难看出，这同时也是令韩说等三人监督江充行

---

[1] 唐孔颖达等《礼记正义》（北京，北京大学出版社，2014，乔秀岩主持影印南宋越刊八行本）卷一九《王制》，页428、432—433。

[2] 《汉书》卷六三《戾太子传》，页2742。

事，以相钳制，防止其恣意妄为。

在这三人当中，按道侯韩说的地位，尤为特别。其兄韩嫣，是汉武帝为胶东王时即一同“学书相爱”的近幸之臣，狎昵到“常与上共卧起”的程度，曾以“出入永巷不禁”而“以奸闻皇太后。太后怒，使使赐嫣死。上为谢，终不能得”。韩说亦同样蒙受汉武帝特别“爱幸”{1}，显然不会任由江充胡乱作为，而不向汉武帝报告实情。

当太子据派遣门客抓捕江充等人的时候，韩说看出其假托诏命的破绽而“不肯受诏”，当即被太子宾客杀掉，而“御史章赣被创突亡，自归甘泉”，黄门苏文也同样“亡归甘泉”，亦即逃向身处甘泉宫的汉武帝，赶去报告所发生的情况{2}。在江充已被太子据捉获，甚至或已处死的情况下，若是江某预埋桐木人偶，栽赃陷害，激使太子据造反作乱，那么，章赣和苏文，自宜向汉武帝如实报告这一重大缘由（甚至在太子据派人抓捕他们的时候，就能够坦然面对，与之一同觐见武帝，说明江充的卑鄙伎俩），武帝也一定会采取相应的措施，昭示奸人的行径，以抚慰太子和皇后，从而顺利平息事态。

然而，从征和二年七月壬午太子据发兵反叛，到其庚寅出

{1}《汉书》卷九三《佞幸传》，页3724—3725。

{2}《汉书》卷六《武帝纪》，页208；又卷六三《戾太子传》，页2743、2747；卷九七上《外戚传》上，页3950。晋荀悦《汉纪》（台北，鼎文书局，1977，杨家骆主编《中国学术类编》影印明嘉靖黄姬水刻本）卷一五，页108。

亡[1]，在这长达十天的时间内，汉武帝却没有采取任何相应的措施，反而“赐丞相玺书曰：‘捕斩反者，自有赏罚。……紧闭城门，毋令反者得出！’”并且亲自出马，“从甘泉来，幸城西建章宫，诏发三辅近县兵，部中二千石以下，丞相兼将”，实际上是直接坐镇指挥镇压太子据的行动[2]。及至太子据兵败，亡命外逃，汉武帝乃“诏遣宗正刘长乐、执金吾刘敢奉策收皇后玺绶”，而在逼使卫后“自杀”之后，复令“黄门苏文、姚定汉，舆置公车令空舍，盛以小棺，瘗之城南桐柏”，并大举清洗其家族成员，以致“卫氏悉灭”[3]。

又太子据出逃之后，壶关三老上书，请求宽宥太子据，“出一旦之命，待罪建章宫下”，武帝亦曾有所“感悟”[4]，宋人司马光在《资治通鉴》中记述说：“书奏，天子感悟，然尚未敢显言赦之也。”[5]若是已经“感悟”到太子据行巫蛊事出于江充栽赃诬告，汉武帝早就会下诏赦免太子了，司马光所谓“未敢显言”，实乃无由言之是也。正如司马光在《通鉴考异》中针对《汉武故事》“上感悟赦反者，拜郑茂为宣慈校尉，持节徇三辅，赦太子，太子欲出，疑弗实”云云假想“故事”所做的反驳那样：“上若赦太子，当诏

{1} 《汉书》卷六《武帝纪》，页208—209。

{2} 《汉书》卷六六《刘屈氂传》，页2880—2881。

{3} 《汉书》卷九七上《外戚传》上，页3950。

{4} 《汉书》卷六三《戾太子传》，页2744—2745。

{5} 宋司马光《资治通鉴》（北京，中华书局，1956）卷二二汉武帝征和二年七月，页732—733。

吏勿捕。此说恐妄也。”[1]汉武帝若是得知江充陷害太子据的“真相”，自当及时颁布诏书，宽赦其举兵反叛的行为。这种种迹象，都清楚表明，章赣和苏文向汉武帝反映的情况，愈加证明太子据之行用巫蛊，乃是确凿无疑的事实。

考虑到这一因素，也就愈加容易理解，太子据派人捉拿江充以至韩说、章赣、苏文诸人，若是不能逼使其就范，一致屈认江充埋置偶人陷害，就只能杀人灭口，使之死无对证，然后再寄希望于汉武帝病体衰弱不支或是业已身亡，冒险一搏，夺取帝位。太子据图谋杀死江充、韩说等所有负责侦查巫蛊的官员，已经表明在行用巫蛊一事上，他绝不像现在很多人所认为、或是所热切期望的那样清清白白，干干净净。

另外，一个人行事，往往具有一贯性；至少考察其行事风格，有助于我们认识他在查办太子据偷行巫蛊一事时更有可能采用一种什么样的方式。江氏有仇必报，且心地险恶，甘做汉武帝的忠实鹰犬，绝不是什么正人君子。但如俗语所云“盗亦有道”，一个人并不是在某些方面品性低劣，就一定会无恶不作。我们看江充其人以前做过的事情，并没有发现他强行以栽赃手段诬陷他人的先例。例如，他举报赵太子丹“与同产姊及王后宫奸乱，交通郡国豪猾，攻剽为奸”，即皆确有其事，而赵太子丹正因所为如此妄为不法，担心江充揭露此等“阴私”，才要抓捕江充，并将其父兄处以

[1] 宋司马光《资治通鉴考异》（上海，商务印书馆，民国缩印纸皮本《四部丛刊初编》影印宋刊本）卷一征和二年七月“壶关三老茂上书天子感悟”条，页5。

“弃市”这样的极刑。又如他身任“直指绣衣使者”，以“督三辅盗贼，禁察逾侈。贵戚近臣多奢侈，充皆举劾，奏请没入车马，令身待北军击匈奴”，也都是罚出有据，受惩处者并不是好端端地被他冤枉。甚至就连最受诟病的究治巫蛊一事，也是首先要求确有偶人埋入地下，或是夜祠、视鬼者留下“染污”的痕迹，亦即确有犯案的事证，始得加以“收捕验治”{1}。从这些情况来看，江充的具体行为，系严苛执法，即汉武帝所认定的“忠直”且“奉法不阿”{2}，更近似于所谓“酷吏”。后来在昭帝时期的盐铁会议上，众贤良文学贬斥江充，即将其列为“扰乱良民”的“残吏”{3}。因而，他也未必会通过制造赃证来构陷太子据，而班固在《汉书》本传中谴责他的主要罪过，亦不过“谗言罔极”而已{4}。

再说，这样做风险也实在太大。因为构陷的对象，既身为太子，从事司法审理时，自有相互质证的机会。如在这之前，武帝陈皇后巫蛊事发，即通过正常的司法审判程序，诏御史张汤案事治理，方使得“深竟党与”{5}。在司法审判过程中，若是被人诬告，或遭栽赃陷害，太子据可充分拥有申辩检验的机会。例如，在汉成帝鸿嘉三年（前18），“赵飞燕谮告许皇后、班婕妤挟媚道，祝诅

{1} 《汉书》卷四五《江充传》，页2175—2179。案《汉书》此卷，是以汉初以来的蒯通、伍被、江充和西汉末年的息夫躬四人合传，意在阐述孔子所说“恶利口之覆邦家”这一行为原则（页2189），而不是这些人具体的为人处世有多卑鄙龌龊。

{2} 《汉书》卷四五《江充传》，页2177。

{3} 汉桓宽《盐铁论》（北京，北京图书馆出版社，2002，《中华再造善本》丛书影印国家图书馆藏明弘治十四年涂祯刻本）卷五《国病》，页19b—20a。

{4} 《汉书》卷一〇〇下《叙传》下并唐颜师古注，页4250—4251。

{5} 《史记》卷一二二《酷吏列传》，页3810。

后宫，詈及主上。许皇后坐废。考问班婕妤，婕妤对曰：‘妾闻“死生有命，富贵在天”。修正尚未蒙福，为邪欲以何望？使鬼神有知，不受不臣之愬；如其无知，愬之何益？故不为也。’上善其对，怜悯之，赐黄金百斤”[1]。这是班婕妤在皇帝亲自审问的过程中，辩明了自己的清白。当时，太子据所面临的情况，正如宋人吕祖谦所说：“江充特扬声言太子宫得木人帛书（德勇案：据《汉书》记载，江充在太子宫掘地所得，但有桐木人，未记有“帛书”），当奏闻耳，非敢如狱吏治庶僚禁止其朝谒也。”[2] 后来所谓“壶关三老”上书汉武帝，称“亲戚之路鬲塞而不通，太子进则不得上见”云云[3]，并不符合当日实际情况，不过是刻意为太子据开脱而已。江充仅仅以一“布衣之人，闾阎之隶臣”[4]，竟然对当朝太子横加诬衅，而他却根本无力阻止太子据为自己辩护。这样一来，他要是走栽赃陷害之类的险着，一旦败露，后果实在不堪设想，又有谁会愚蠢到去做这样的傻事呢？

四　汉武帝的“感悟”

那么，在读到壶关三老等上书之后，汉武帝所“感悟”到的究

[1] 《汉书》卷九七下《外戚传》下，页3984—3985。

[2] 宋吕祖谦《大事记解题》（杭州，浙江古籍出版社，2005，《吕祖谦全集》本）卷一二，页873—874。

[3] 《汉书》卷六三《戾太子传》，页2744—2745。

[4] 《汉书》卷六三《戾太子传》，页2744。

竟是什么呢？《汉书·戾太子传》记述太子据死后，“久之，巫蛊事多不信。上知太子惶恐无他意”[1]，这段话，又该怎样理解呢？

关于这一点，我们还是从壶关三老等人上奏的内容及其缘起谈起。史载太子据在长安城中兵败逃亡之后：

> 上怒甚，群下忧惧，不知所出。壶关三老令狐茂上书曰：“臣闻父者犹天，母者犹地，子犹万物也。故天平地安，阴阳和调，物乃茂成；父慈母爱，室家之中，子乃孝顺。阴阳不和则万物夭伤，父子不和则室家丧亡。故父不父则子不子，君不君则臣不臣，虽有粟，吾岂得而食诸！昔者虞舜，孝之至也，而不中于瞽叟；孝己被谤，伯奇放流，骨肉至亲，父子相疑。何者？积毁之所生也。由是观之，子无不孝，而父有不察。
>
> 今皇太子为汉適嗣，承万世之业，体祖宗之重，亲则皇帝之宗子也。江充，布衣之人，闾阎之隶臣耳，陛下显而用之，衔至尊之命以迫蹴皇太子，造饰奸诈，群邪错谬，是以亲戚之路鬲塞而不通。太子进则不得上见，退则困于乱臣，独冤结而亡告，不忍忿忿之心，起而杀充，恐惧逋逃，子盗父兵以救难自免耳，臣窃以为无邪心。诗曰：‘营营青蝇，止于藩；恺悌君子，无信谗言；谗言罔极，交乱四国。’往者江充谗杀赵太子，天下莫不闻，其罪固宜。陛下不省察，深过太子，发盛怒，举大兵而求之，三公自将，智者不敢言，辩士不敢说，臣窃痛之。

{1}《汉书》卷六三《戾太子传》，页2747。

> 臣闻子胥尽忠而忘其号，比干尽仁而遗其身，忠臣竭诚不顾铁钺之诛以陈其愚，志在匡君安社稷也。诗云：'取彼谮人，投畀豺虎。'唯陛下宽心慰意，少察所亲，毋患太子之非，亟罢甲兵，无令太子久亡。臣不胜惓惓，出一旦之命，待罪建章阙下。"
>
> 书奏，天子感悟。[1]

首先，如此惊天动地的重大事变，京城里满朝文武官员谁都闭口不谈，各地方官员同样缄默不语，却是由远在今山西长治太行山东南边缘地带的微末小吏"壶关三老令狐茂"出面上书，这本身就很耐人寻味。

像令狐茂这样的人，当然无法直接与闻深宫秘事，身后一定另有地位较高的人物作后台。问题是不管是其背后指使人，还是令狐茂这位站在前台的壶关三老，假若确实握有有说服力的证据，或是切实了解到江充故意给太子据栽赃的行为，本应该直截了当地指明这一邪恶阴谋。这既能够直接把性命危殆的太子据解脱出来，又足以使汉武帝的盛怒涣然冰释，老皇帝和小太子，马上就能尽释前嫌，和好如初。然而，壶关三老令狐茂的说辞，却是迂曲回绕，讲了好长一大段话，还是不清不楚，只是触动汉武帝内心深处暗自有所"感悟"而已。这样的"感悟"，更像是一种拿不到

{1} 《汉书》卷六三《戾太子传》，页2744—2745。案壶关三老"令狐茂"之姓，今本《汉书》阙佚，此依循清洪颐煊《读书丛录》（清道光二年广东富文斋刻本）卷二一"令狐茂"条（页7a—7b）的看法，据《后汉书》（北京，中华书局，1965）卷五六《张晧传》唐李贤注（页1815—1816）引《汉书》文补入。

台面上清楚叙说的“心照不宣”。

具体来看壶关三老令狐茂的上书，笔锋竟首先指向汉武帝本人，而不是直接出面整治太子据的江充，这更显示出江充并没有犯下诸如诬陷太子据这样严重的罪过。令狐茂上书第一自然段的话，是在讲述太子据起兵事件的核心原因。——首先是“父不父则子不子”，亦即汉武帝有过在先；又“子无不孝，而父有不察”，也就是太子据做出的引发所谓“巫蛊之祸”的行为，实际也算不上不孝，只是汉武帝没有明察整个事件的真实性质而已。

在上面引文所划分的第二自然段，是壶关三老令狐茂为太子据所做的辩白。在这里，同样没有直接正面指斥江充弄虚作假，刻意欺骗汉武帝，而假如江充确实造假坑人，这本来应该是其指陈的核心内容，不能不直接言明。除了泛泛而谈江氏等“造饰奸诈，群邪错谬”之外，其实写的内容，重在提醒汉武帝，对待太子据与江充二人，一定要判明内外的界限，做到亲疏有别：即太子据是汉家嫡嗣，而江充只是闾阎之隶，明此，也就不必做智者不为之事，来“深过太子”。假如壶关三老令狐茂能够把“造饰奸诈，群邪错谬”这句话坐实为江充使人埋设施行巫蛊使用的桐木偶人，一语戳破其鬼蜮伎俩即可，何必还要以内外亲疏这么迂远的套话来疏解汉武帝对太子据的愤怒？

令狐茂上书的最后一段，是讲他此番上书是出自对朝廷的忠心，并再次劝告汉武帝切勿听信谗言，而应宽恕太子。

从总体上把握壶关三老令狐茂上书的内容之后，让我们再来看看，令狐氏所说“造饰奸诈，群邪错谬”究竟指的是什么？看前引《汉书》之《江充传》和《戾太子传》，可知江充看到汉武帝年老体衰，害怕武帝晏驾后遭到自己得罪过的太子据报复。当公孙贺父子行巫蛊事被朱安世揭发之后，汉武帝决意“穷治其事”，亦即予以严厉惩治，牵连所及，甚至包括阳石、诸邑两公主等亦未能宽免。江充从汉武帝对待此事的态度上，为自己找到了一线生机：“因是为奸，奏言上疾祟在巫蛊。”亦即期望整治那些对汉武帝行用巫蛊的人，从而在这一过程中，找到太子据因怨望而施行巫蛊的证据。

公孙贺父子行巫蛊而招致汉武帝暴怒，本来就是因为其直接以汉武帝作为祝诅的对象[1]，其目的自是咒令汉武帝染病早亡。现在，江充更明确指出，汉武帝身患疾病的原因，正是出于歹人暗行巫蛊。于是，渴望长生不老的汉武帝，便指令丞相、御史以下诸二千石官员着意究治。后来江充出面查办的太子据案，本来同公孙贺父子案并没有内在联系，可是，《汉书·公孙贺传》却记载说：“巫蛊之祸起自朱安世，成于江充。”[2]盖《汉书·田千秋传》另有记载云：“巫蛊始发，诏丞相、御史督二千石求捕，廷尉治，未闻九卿廷尉有所鞫也。”[3]显然，这些官员，没有能够积极应和汉武帝的旨意，深挖严查。面对这种不力局面，极度担心遭致群臣子民祝诅死亡的汉武帝，不得不启用最早提示“上疾祟在巫蛊”的江充，委派他做专门查办巫蛊的使者。因为江充此前作为“直指绣衣使者”，

{1} 《汉书》卷六六《公孙贺传》，页2878。
{2} 《汉书》卷六六《公孙贺传》，页2878。
{3} 《汉书》卷六六《田千秋传》，页2884—2885。

对武帝之姑馆陶长公主和太子据都略不宽贷，从而“威震京师”，足以令汉武帝相信：他这次仍然能够“奉法不阿”，挖出那些试图戕害他性命的人来。

汉武帝这一任命，正中江充下怀，给了他直接下手的机会。——如同当年报复害死其父兄并差一点儿杀掉自己的赵太子丹一样，他可以通过举发太子据的巫蛊行为来彻底除掉对方。

那么，江充又何以会预知太子据必定会在宫中施行巫蛊以祝诅汉武帝呢？关于这一点，江充倒未必具有十全的把握。不过，因为这是当时非常普遍的做法，所以太子据这样做的可能性也非常大。江氏别无他法，只能借此求其一逞。

如同我在《制造汉武帝》中已经谈到的那样，当太子据生母卫子夫皇后年长色衰之后，汉武帝后宫当中，有“赵之王夫人、中山李夫人有宠，皆蚤卒，后有尹婕妤、钩弋夫人更幸”，亦即不断有新欢得到汉武帝的宠幸[1]。刘据七岁就被立为太子，而当他十二岁时，“赵之王夫人”生下的儿子刘闳与另一“李姬”所生的儿子刘旦、刘胥，同日受封为诸侯王（刘闳受封为齐王），而史称“闳母王夫人有宠，闳尤爱幸”[2]。特别需要注意的是，刘据得以被册立为太子，乃是缘于汉武帝“年二十九乃得太子”。欣喜不已的汉武帝，在刘据出生之后，随即尊立其母卫子夫为皇后，而在这之前两年，其原已正式册立多年的陈皇后，刚刚由于卫子夫博得汉武帝宠爱而被

[1] 《汉书》卷九七上《外戚传》上，页3950。

[2] 《汉书》卷六《武帝纪》，页169、174；又卷六三《武五子传》，页2741、2749。

废黜，退居长门冷宫[1]。翻覆之间，陈皇后的昨天，或许就是卫皇后的今天。《汉书》明确记载："武帝末，卫后宠衰。"[2]不管是卫皇后，还是太子据，都很有可能同样遭遇废黜的危险。

更为直接的威胁，是巫蛊之祸发生之前三年的太始三年（前94），正在大受汉武帝宠幸的赵婕妤，"生昭帝，号钩弋子。任身十四月乃生，上曰：'闻昔尧十四月而生，今钩弋亦然。'乃命其所生门曰尧母门"[3]。其事正如司马光所云："当是时，太子犹在东宫，则孝武属意固已异矣。是以奸臣逆窥上意，以倾覆冢（冢）嗣，卒成巫蛊之既（祸），天下咸被其殃。然则人君用意，小违大义，既（祸）乱及此，可不慎哉！"[4]朱熹在具体论述这一问题时，同样以为"男女有别，然后父子亲。汉武帝溺于声色，游燕后宫，父子不亲，遂致戾太子之变"[5]。亦即后来成为昭帝的刘弗陵，甫一出生，汉武帝就萌生了废黜太子据而令其取而代之的意图。这对于太子据以及乃母卫皇后来说，都是临头的大祸。事情已经到了无可回避的地步，总要有所应对。

然而，正如汉武帝李夫人临终前所说："夫以色事人者，色衰而爱弛，爱弛则恩绝。"[6]这实在是无可奈何的事情。汉武帝已经

{1} 《汉书》卷六三《戾太子传》，页2741；又卷九七上《外戚传》上，页3948—3949。

{2} 《汉书》卷六三《戾太子传》，页2742。

{3} 《汉书》卷九七上《外戚传》上，页3956。

{4} 宋司马光《温国文正司马公文集》（上海，商务印书馆，民国《四部丛刊初编》影印铁琴铜剑楼藏宋绍兴刊本）卷七三《史赞评议》之"戾太子败"条，页4b—5a。

{5} 宋朱熹《晦庵先生朱文公文集》（上海，上海古籍出版社，2002，《朱子全书》本）卷六四《答林易简》，页3114。

{6} 《汉书》卷九七上《外戚传》上，页3952。

年老体衰，太子据起兵反叛之前，石德说在甘泉养病的汉武帝“存亡未可知”，就很好地体现了这一点。若是在汉武帝正式废除太子据以及卫皇后之前，他自己就先行命归黄泉，那么，太子据以及卫皇后便自然会保住既有的地位。直接刺杀武帝，那是根本做不到的事情，他们也绝不会这样想。于是，只好以巫蛊祝诅，促其速死，——哪怕效力不验，这至少也可以发泄一下内心深处积郁多年的不满。

当年因卫子夫得受宠幸而饱受冷遇的正宫娘娘陈皇后，在三番五次寻死觅活，却导致汉武帝愈加愤怒之后，便“又挟妇人媚道”，令女巫楚服等人，为之“巫蛊祠祭祝诅”。其举动之大，被发觉后，以“大逆无道”之罪，竟“相连及诛者三百余人”[1]。陈皇后祝诅的内容，当然是不利于武帝的性命，才堪以“大逆无道”论之。逮太子据巫蛊事案发且兵败身死之后，贰师将军李广利与丞相刘屈氂谋立李夫人子昌邑王髆为太子，而“内者令郭穰告丞相夫人以丞相数有谴，使巫祠社，祝诅主上，有恶言，及与贰师共祷祠，欲令昌邑王为帝”，因此“有司奏请按验，罪至大逆不道”[2]。这是通过行用巫蛊以达到咒死武帝以及确立太子的地位。尤为值得注意的是，在李广利与刘屈氂连手行用巫蛊诅咒的时候，朝廷追究太子据巫蛊之案，仍处于很急迫的状态[3]。这就更加清楚地显示出，施行巫蛊，应当是太子据和卫皇后会首先想到、也是他们

[1]《汉书》卷九七上《外戚传》上，页3948。

[2]《汉书》卷六六《刘屈氂传》，页2883。

[3]《汉书》卷六六《刘屈氂传》，页2883。

当时最有可能采用的应对手段。一时风气如此，江充对此也是清清楚楚。

江充的目标，是太子据。但直接冲着太子查将过去，报复的用心，过于明显，而且在太子宫中到底能不能查到巫蛊的证据，也并不能百分之百地确定，万一一无所获，恐怕会给他引来更为直接、也更大的麻烦。特别是如上所述，当时的朝野官员，大多数人对此都漠然视之，不愿深追清查。若是贸然侦办太子，一旦失手，周遭人这种普遍的敌视态度，会使其后果更加不堪设想。

但在另一方面，其他官员之所以都不愿侦办，江充又恰恰敢于放手查拿，并且预期会有所收获，都是由于施行这种巫蛊法术，在当时本是一种从上到下普遍流行的行为。

如上所述，一般来说，只要不是直接以今上（或者还有与其特别近密相关的人物如皇后等）作为祝诅对象，以及于道路当中施法之外，当时都应属合法。公孙贺父子两人因行巫蛊而被汉武帝处以极刑，就是因为他们同时干犯了“使人巫祭祠诅上，且上甘泉当驰道埋偶人”这两项司法的禁忌[1]。

《资治通鉴》采录《汉武故事》写成的纪事，谓“江充云于太子宫得木人尤多，又有帛书，所言不道”[2]，但《汉书》记江充指使人挖掘太子宫，所得仅有用于祝诅的桐木偶人。又东汉殇帝延平元年，有“和帝宫人吉成，成御者志恨成，乃为桐人书太后姓

[1] 《汉书》卷六六《公孙贺传》，页2878。

[2] 宋司马光《资治通鉴》卷二二汉武帝征和二年，页729。

字埋之"[1]，所书太后名字，就是标明祝诅对象。但像这样标明祝诅对象，未必是一种普遍通行的做法。我们看《汉书·江充传》记载江充捕捉到的用偶人行使巫蛊等阴阳数术的疑犯，仅坐死者就多达数万人，而既然先已掘得偶人，还需要在收捕人犯后通过"烧铁钳灼"使之"强服"，就说明在大多数偶人身上，并没有写明祝诅的对象，其中很多偶人，很可能只是用来祝诅与之不睦的邻家大叔。

形象地说，当事人是在祝诅隔壁的老王，还是未央宫中的汉家天子，这需要在作法时通过具体的祝语来表述。因此，其所行巫蛊，究竟是合法还是非法，属于正当的行为抑或犯罪行为，从表面上看，实际很难界定，巫蛊之事自然随之愈为通行。不管具体怎样施行法术，江充在短时期内，就抓获如此众多的疑犯，已经充分说明民间行用巫蛊之术的普遍程度与巫蛊之术的兴盛景况。基于这一背景，似乎不难想象，在汉武帝末年民怨几近沸腾的情况下，总会有一部分人会以巫蛊诅咒武帝刘彻速死；若再加以酷刑逼供，自然会有更多的人被屈打成招。

结合前后发生的史事，可以判断，江充指使人动用酷刑，逼使具有相关巫蛊活动迹象的人，承认是在针对汉武帝作法，凸显这种活动的广度和强度，显现事态的严峻性，这在很大程度上可以加重汉武帝对巫蛊行为的重视。更为重要的是，在揪出这些小

[1]　晋袁宏《后汉纪》（上海，商务印书馆，民国《四部丛刊初编》影印无锡小绿天藏明嘉靖翻刻宋本）卷一五后汉孝殇皇帝纪，页1a。

人物之后，汉武帝的病情并没有缓解，这自然会把汉武帝的注意力，引向地位更高、与其更为亲近，从而造成更强巫蛊效果的人身上。——实际上，是要把究治巫蛊这一举措引向太子据那边。

果然，如《汉书·江充传》和《汉书·戾太子传》所记，江充“忠直”执法侦办的结果，导致汉武帝以“春秋高，意多所恶，以为左右皆为蛊道祝诅”。——前面已有当朝丞相公孙贺和后宫正室陈皇后的成例，实际发生的情况，也提示他更要对身边的亲人和重臣，高度防范。于是，汉武帝决意“穷治其事”。看到汉武帝对长生不死的渴望已经压倒一切，江充便彻底放手一搏，“白言宫中有蛊气，入宫至省中，坏御座掘地”。就检验的场所而言，所谓“入宫至省中，坏御座掘地”，实际上首先是“先治甘泉宫人”[1]。盖汉武帝时在甘泉宫[2]，近在身边的威胁更大。在这之后，才“转至未央椒房”[3]，这也就是《汉书·江充传》所说“先治后宫希幸夫人，以次及皇后”。最后，才“掘蛊于太子宫，得桐木人”，终于实现了江充预定的目标。核实而论，班固在《汉书·江充传》的赞语里说“江充造蛊，太子杀”，指的就应当是上述这一查办过程，江充之所造，是制造巫蛊之祸，而不是埋置巫蛊之具——桐木偶人。

纵观整个查办巫蛊案件的过程，可知江充之“为奸”“有

{1} 《汉书》卷六六《田千秋传》，页2885。

{2} 《汉书》卷六《武帝纪》，页208；又卷六三《戾太子传》，页2742—2743。

{3} 《汉书》卷六六《田千秋传》，页2885。

诈”[1]，或称“造饰奸诈”的行径，不过是以“奉法不阿”的面目，暗行其邪恶之心，设法找出足以激怒汉武帝除掉太子据的事实而已（至于所谓“群邪错谬”，应该是指奉汉武帝之命来协同江充查办巫蛊案件的韩说等人。如前所述，若谓韩说等人一定会与江充狼狈为奸，恐怕并不符合这些人的身份和地位。如同指责江充之奸一样，令狐茂不过借此来给汉武帝安置一个下台的阶梯）。除了并不可靠的《三辅旧事》之外，我们不但找不到江充预埋桐木偶人来给太子据栽赃的任何证据，且有种种迹象表明，太子据不仅有理由对汉武帝行用巫蛊之术，同时也确有实际行动。

现在，再让我们回过头去，就会比较容易理解，汉武帝因壶关三老等上书到底“感悟”了些什么，以及《汉书·戾太子传》所记“巫蛊事多不信，上知太子惶恐无他意”这话究竟该怎样理解。

如前所述，壶关三老令狐茂开门见山，提出太子据一案发生的前提，是“父不父则子不子，君不君则臣不臣”，这实际上是讲汉武帝因后宫私爱而想要无故废黜刘据的太子地位，这是太子据后来“子亦不子”的根本原因，亦即前文所说汉武帝行事有过在先，太子据行用巫蛊既事出有因，同时这也是当时很通行的一种很一般的社会习惯做法，既没有理由、也没有必要大张旗鼓地严厉追究他的罪责，而是要辨明内外亲疏的区别，看破江充所谓“奸诈”用心。——我想，这应该就是汉武帝从令狐茂上书中所能得到的主要“感悟”。

{1}　案《汉书》卷四五《江充传》（页2179）记云“后武帝知充有诈，夷三族”。

《汉书·戾太子传》还记载，在太子据因被追穷困而自杀之后，“久之，巫蛊事多不信。上知太子惶恐无他意”[1]。所谓“巫蛊事多不信”，若仅就太子据之事而言，仅有此一事，即到底他是不是埋有桐木偶人并以此祝诅？因而，不会有“多不信”的说法。其“多”之云者，应当是指太子据案爆发之前被江充究治的那些嫌犯，多有因严刑逼供而造成的冤假错案，其实际事态，远没有汉武帝据此而做的判断那样严峻，太子据也不过是因身处将被废黜的困境而宣泄一下不满情绪而已。而在这一点上，对于汉武帝来说，实际上是咎在己身，是自己早已萌生了本不该有的更换太子的念头；至于起兵犯难，乃是太子据在施行巫蛊事发之后的惶恐当中聊求自保，更绝非蓄谋已久的篡位夺权，即所谓“太子惶恐无他意”者。

在这种情况下，为了表达这一“感悟”，据《汉书·戾太子传》记述，汉武帝在事变发生两个月后的征和二年九月，乃下诏曰：“盖行疑赏，所以申信也。其封李寿为邘侯，张富昌为题侯。”[2]蒲慕州分析此诏，以为“所谓‘行疑赏所以申信’之‘疑’是武帝不能确定李寿抱解太子的动机，但假设李是执行武帝追捕太子的命令，所以要依其功劳封侯以‘申信’”[3]。今案《汉书·戾太子传》记载汉武帝颁布“行疑赏，所以申信”这一诏书时，前面先写了一个重要缘由，这就是“上既伤太子”[4]。换句话来说，此次封赏李寿

{1} 《汉书》卷六三《戾太子传》，页2747。
{2} 《汉书》卷一七《景武昭宣元成功臣表》，页664；又卷六三《戾太子传》，页2747。
{3} 蒲慕州《巫蛊之祸的政治意义》，刊《“中研院”史语所集刊》第57本第3分，页522。
{4} 《汉书》卷六三《戾太子传》，页2747。

和张富昌这两个人，就是为了体现这一心情，以此来表达他对此案的“感悟”。因此，李、张二人，不可能是因为执行追捕太子据的命令而蒙受封赏，而只能是作为其曾经尝试解救太子的心意而得到汉武帝的褒扬。然而，他们二人实际的情况，确实又是在参与“吏围捕太子”之事，绝非解救太子据[1]。所以，汉武帝才会用“行疑赏”这样的说法，来强自解说自己这一很不合理的做法。

关于此事的性质，可以从李、张二人起初受封的实际名号上看出。《汉书·戾太子传》记二人在太子据自杀前行事云：“吏围捕太子，太子自度不得脱，即入室距户自经。山阳男子张富昌为卒，足蹋开户，新安令史李寿趋抱解太子，主人公遂格斗死，皇孙二人皆并遇害。”[2]对此，清人王念孙做过很透彻的考证：

> 题侯张富昌，以山阳卒，与李寿共得卫大（太）子，侯巨鹿〔谓食邑巨鹿〕。邘侯李寿，以新安令史，得卫大（太）子，侯河内〔谓食邑河内〕。师古曰：“邘，音于。”《百官表》亦作邘侯。又《武五子传》诏曰：“其封李寿为邘侯，张富昌为题侯。”韦昭曰：“邘在河内。”孟康曰：“题，县名也。”晋灼曰：“地理志无也。《功臣表》食邑巨鹿。”师古曰：“晋说是也。”《汉纪·孝武纪》题侯作踶侯，邘侯作抱侯。
>
> 念孙案：《汉纪》是也。踶，音特计反。《庄子·马蹄篇》：

{1} 《汉书》卷六三《戾太子传》，页2747。
{2} 《汉书》卷六三《戾太子传》，页2746—2747。

> “马怒，则分背相踶。”李颐云：“踶，蹋也。”封李寿为踶侯者，为其足蹋开户，以救大子。上文云“大（太）子入室距户自经，山阳男子张富昌为卒，足蹋开户是也”。《广韵》踶、题并特计切，声相同，故字相通，而师古“题”字无音，则已不知其为踶之借字矣。封李寿为抱侯者，为其抱解大子。上文云“新安令史李寿趋抱解大（太）子”是也。《功臣表》在河内者，谓抱侯之食邑在河内，非谓河内有抱县也。隶书“抱”字或作“抱”，邘字或作“邘”，二形相似，故“抱”讹作“邘”。后人以河内野王县有邘城，……正与《功臣表》之河内相合，遂改“邘”为“邘”，不知“邘”乃“抱”字之讹。且踶侯、抱侯，皆以救大（太）子得名，非旧有之县名也。……盖此字之讹已久，不始于师古。《汉纪》云男子张富昌为卒，足蹋开户，新安令史李寿趋抱解大（太）子，上乃封李寿为抱侯，张富昌为踶侯，即用《汉书》之文，足正诸家之谬矣。[1]

所论“踶侯、抱侯，皆以救大（太）子得名”，足证李寿和张富昌之受封为侯，都是汉武帝所谓“感悟”的一种表现形式。

五 汉廷对太子据施行巫蛊事的认定

然而，汉武帝对太子据行用巫蛊之事从未加以否定，并且直到

---

[1] 清王念孙《读书杂志》（北京，中国书店，1985）之《汉书》第三“题侯、邘侯”，页5—6。

汉宣帝时为乃祖酌定以“戾”字为谥号（故后世通称太子据为“戾太子”），并追尊祖母史良娣曰“戾后”[1]，仍是延续这一基本政治结论。关于这一点，前此我在《制造汉武帝》中已经做过清楚表述，即依照所谓周公谥法，乃“不悔前过曰戾”[2]，戾太子先行巫蛊，再继以兵戎犯上，正符合这一特征。或以为所谓太子据行用巫蛊系出自江充栽赃陷害，所谓“不悔前过曰戾”，应是以太子据杀掉江充为其前过，继之复起兵反叛，便是“不悔前过”。然而，太子据行巫蛊事若确是出自江充刻意栽赃，而且汉武帝也这样认为，并且成为大汉朝廷定案的话，那么，诛杀江充，实属天经地义，又何过之有？这样的解释，实际难以自圆其说。明此，亦可以从侧面证明，戾太子确实有过施行巫蛊的事情。

不过，从晋人傅瓒（即所谓“臣瓒”）起，就不断有人按照自己对相关史事的错误理解，自以为是地做出凑合己意的解释。例如，傅瓒便胡乱讲什么：“太子诛江充以除谗贼，而事不见明。后武帝觉悟，遂族充家。宣帝不得以加恶谥也。董仲舒书曰：‘有其功无其意谓之戾，无其功有其意谓之罪。’”唐人颜师古随后信而从之，将此说写入《汉书》的注文，以订正孙吴时人韦昭“以违戾擅发兵故谥曰戾”这一差相近似的旧注[3]。至清人周寿昌，为颜师古《汉书》注做校补，则更大胆揣度汉宣帝所定谥号说：

{1}　《汉书》卷六三《戾太子传》，页2748；又卷九七上《外戚传》上，页3952。

{2}　《汲冢周书》（上海，商务印书馆，民国《四部丛刊初编》影印江阴缪氏艺风堂藏明嘉靖癸卯刻本）卷六《谥法解》，页9b。

{3}　《汉书》卷八《宣帝纪》，页235。

> 《说文》："戾，曲也。从犬出户下。戾者，身曲也。"《字林》同。汉宣断不忍以暴戾、乖戾、罪戾等恶谥加其祖，训"戾"为"曲"，与当时情事相合，言身受曲戾不能自伸也。壶关三老茂上书称"太子进则不得上见，退则困于乱臣，独冤结而无告，不忍忿忿之心，起而杀充，恐惧逋逃"云云数语，正"曲戾不得伸"之注解。[1]

这就更是自我作古，强以清人之曲意而加诸西京之帝君。

实则如同为故太子据拟定谥号时有司所说："谥法曰'谥者，行之迹也。'"[2] 亦即值此盖棺论定之际，要恪遵谥法讲述的原则："大行受大名，细行受细名。行出于己，名生于人。"[3] 务须忠实反映其走过的足迹，容不得私心私情私意介入其间。因为这是维系整个国家安全稳定的重要体制，正如清人计大受在评议宣帝所予"戾"字之谥的合理性时所说："所谓虽孝子慈孙，百世不能改也。"[4] 不然的话，已故帝王谥号，都是后世子孙来拟定，岂不俱属佳谥美号？谥号，也就如同尊号一般，失去了存在的意义。与太子据同时拟定的其子史皇孙之谥曰"悼"[5]，其夫人王氏谥曰"悼

---

[1] 清周寿昌《汉书注校补》（上海，商务印书馆，1937，《国学基本丛书》本）卷四，页53。

[2] 《汉书》卷六三《戾太子传》，页2748。

[3] 《汲冢周书》卷六《谥法解》，页5b。

[4] 清计大受《史林测义》（清嘉庆十九年枫溪别墅刻本）卷八"戾太子据、田千秋"条，页11a。

[5] 《汉书》卷六三《戾太子传》，页2748。

后”[1]，便应是依循谥法之“年中早夭曰悼”以定[2]，故为太子据选定谥号，自宜遵循同样的规矩。

即以西汉时期拟定的谥号而论，王商谥之曰“戾”，就是成帝以为他“不以自悔而反怨怼”[3]，正符合古人谥法的准则。再来看卫皇后在汉武帝派人褫夺其皇后名号时，无奈自杀身亡，如前文所述，当时只是“盛以小棺”，草草“瘗之城南桐柏”。逮汉武帝“感悟”令狐茂的上书之后，也一直没有重新正式下葬。甚至直到汉宣帝为其“置园邑三百家”改葬之时，也只是“追谥曰思后”而已[4]。谥法中与卫皇后行事相当的定义，应是“追悔前过曰思”[5]，亦即与明末在煤山树杈上自缢故世的崇祯皇帝初定的谥号一样，体现他以自裁的方式，追悔以往的过失。再来看“及卫思后废后四年，武帝崩，大将军霍光缘上雅意，以李夫人配食，追上尊号曰孝武皇后”[6]，如清人赵绍祖所说，李夫人这一“孝武皇后”的称号，乃是“从武帝之谥，而陈后、卫后皆以废，故不得称也”[7]。这实际上是进一步确立李夫人正统的皇后地位，而卫子夫依旧是一位犯有严重罪过的废皇后。思后与戾太子，这两个谥号，相互印证，从中一点儿也没有看出汉武帝以及后来的汉宣帝对太子据施行巫蛊一事

{1} 《汉书》卷九七上《外戚传》上，页3961。
{2} 《汲冢周书》卷六《谥法解》，页8b。
{3} 《汉书》卷八二《王商传》，页3374—3375。
{4} 《汉书》卷九七上《外戚传》上并唐颜师古注，页3950。
{5} 《汲冢周书》卷六《谥法解》，页7b。
{6} 《汉书》卷九七上《外戚传》上并唐颜师古注，页3951。
{7} 清赵绍祖《通鉴注商》（清嘉庆己卯赵氏古墨斋刻本）卷一，页8a。

重新做过“平反昭雪”之类的评判，容不得后人强自为之开脱。

太子据行巫蛊案未曾得到“平反”的另一项证据，是发兵失败之后，其三男一女，皆同时遇害，而另有遗孙一人，即后来的汉宣帝，始生数月，系于狱中。直至后元二年（前87）武帝临终之前，一直得到治狱者丙吉的保护。后武帝“感悟”，谓天使之不亡，却依然不能简单下令释放，只能特以大赦天下的形式，使其随之得到赦免[1]。明此愈知，不管是“戾太子”也好，还是“思后”也好，这些谥号，都反映了汉武帝以来朝廷对巫蛊事件性质的正式定性。

正由于对太子据之行用巫蛊以及进而引发的军事政变行径，始终没有做出“平反”，故后续的追查，在壶关三老令狐茂上书后，一直也没有停止。令狐茂的上书及其引得汉武帝“感悟”，发生在太子据外逃至湖，尚未身亡之前，上面已经谈到，汉武帝并没有当即下诏，停止对太子据的追捕，而且在太子据被逼自杀之后，又拔擢其中一有功者升任北地太守[2]。史载继令狐茂之后，又有高寝郎田千秋（后亦称“车千秋”），上急变讼太子冤云：

> 子弄父兵，罪当笞；天子之子过误杀人，当何罪哉！臣尝梦见一白头翁教臣言。

由于已有壶关三老上书，致使汉武帝“感悟”在先，本已“颇知太

{1}《汉书》卷七四《丙吉传》，页3142；卷九七上《外戚传》上，页3961。

{2}《汉书》卷六三《戾太子传》，页2746—2747。

子惶恐无他意”[1]，故闻此言，武帝复“乃大感悟”[2]。不过，“大感悟”归“大感悟”，甚至直到巫蛊之变发生将近一年以后，田千秋接替下狱腰斩的刘屈牦出任丞相时，汉武帝仍在“连年治太子狱，诛罚尤多”[3]。时丙吉以故廷尉监征，诏治巫蛊事宜，亦称“连岁不决”[4]。蒲慕州曾费心汇集相关史料，编制了一份《巫蛊事件牵涉人物一览表》，从中可以更为清晰、也更为具体地看到相关情况[5]。

特别值得注意的是，《汉书·戾太子传》记云“车千秋复讼太子冤”[6]，其太子“冤”之所在，即如此语所述。田千秋在这番以“梦见一白头翁教臣言”的形式，小心翼翼提出的为太子据辩解的奏章里，只是谈论其起兵反叛不过犹如“子弄父兵”似的“过误”而已，故无须深究，可是却闭口不谈太子据施行巫蛊以不利于汉武帝一事，更没有指出所谓太子据行用巫蛊之事实是出自江充栽赃陷害。这也显示出在田千秋看来，太子据在行用巫蛊一事上，亦并非无辜。尽管班固在《汉书·戾太子传》的篇末赞语里说“车千秋指明虫情，章太子之冤”[7]，而田千秋实际上却仍在回避谈论太子据在巫蛊事变中究竟有什么冤情，从而愈加显示出其真实情况确是难于言表。

[1] 《汉书》卷六三《戾太子传》，页2747。

[2] 《汉书》卷六六《田千秋传》，页2883。

[3] 《汉书》卷六六《田千秋传》，页2883—2885。

[4] 《汉书》卷七四《丙吉传》，页3142。

[5] 蒲慕州《巫蛊之祸的政治意义》，刊《“中研院”史语所集刊》第57本第3分，页523—525。

[6] 《汉书》卷六三《戾太子传》，页2747。

[7] 《汉书》卷六三《戾太子传》，页2770—2771。

尤其需要指出的是，田千秋在升任丞相之始，目睹汉武帝为太子据之案，牵连诛杀惩罚人员过多，群下为之恐惧不安，为“宽广上意，尉（慰）安众庶”，“乃与御史、中二千石共上寿，颂德美，劝上施恩惠，缓刑罚，玩听音乐，养志和神，为天下自虞乐”。而汉武帝却答复说：

> 朕之不德，自左丞相与贰师阴谋逆乱，巫蛊之祸流及士大夫，朕日一食者累月，乃何乐之听？痛士大夫常在心，既事不咎。
>
> 虽然，巫蛊始发，诏丞相、御史督二千石求捕，廷尉治，未闻九卿廷尉有所鞫也。曩者，江充先治甘泉宫人，转至未央椒房，以及敬声之畴、李禹之属谋入匈奴，有司无所发。今丞相亲掘兰台蛊验，所明知也。至今余巫颇脱不止，阴贼侵身，远近为蛊，朕愧之，其何寿之有？敬不举君之觞！谨谢丞相、二千石各就馆。《书》曰：“毋偏毋党，王道荡荡。”毋有复言。[1]

案“今丞相亲掘兰台蛊验”，即汉人司法术语“案验”之具体操作。汉武帝说道，直到现在他还受到巫蛊的困扰，谈不上什么寿不寿的。当初江充入宫搜查巫蛊，各相关部门并没有举报他的图谋。现在你田千秋作为丞相，亲自在兰台挖掘偶人来验证，看到巫蛊之事是确实存在的。——这些话等于是说江充虽然另有图谋，醉翁之意本不在酒，但太子据行用巫蛊，实亦确有其事。

[1] 《汉书》卷六六《田千秋传》，页2883—2885。

至于《汉书·戾太子传》等处记载汉武帝在连连接到壶关三老令狐茂和高寝令田千秋的上书之后，因“知太子惶恐无他意”，进而“族灭江充家，焚苏文于横桥上，及泉鸠里加兵刃于太子者，初为北地太守，后族。上怜太子无辜，乃作思子宫，为归来望思之台于湖，天下闻而悲之”云云，对比上述各项实质性内容，便不难看出，这不过是一种自我装点的门面事，用以遮掩其为父不父、为君不君而逼使太子据施行巫蛊并最终引发兵变的尴尬行径。

原载《华中师范大学学报》（人文社会科学版）2016 年第 3 期

《制造汉武帝》的后话

各位同学：

大家晚上好!

很高兴来到南京工业大学，和同学们交流。我在大学里教书，很喜欢这个职业，几乎每个学期，都至少要同时上一门本科生的课和一门研究生的课，希望自己讲授的内容，能够帮助同学们多获取一些知识。

除了在本校教授规定的课程之外，偶尔也会在校内外做一些专题学术讲座。在这当中，最让我高兴的，是能够有学生们喜欢，喜欢有同学们让我来做讲座。因为我的工作，是因同学们而存在的。同学们喜欢，会让我由衷感到幸福。所以，这次当我们南工大的学生团体表示希望我能来讲点儿什么的时候，我自然欣然从命。

虽然我们南京工业大学是一所著名的工科院校，在座的同学，大多数都应该是学习理工科的，但来这里讲很专门的历史问题，我并没有什么担心，并不担心大家听不懂，或是不爱听。这是因为我也是理科出身，上大学本科时学的是地理学，系统学习过理科的基础课程。所以，我相信自己和大家会有共同或相近的思维方式；看待问题，分析问题，会有许多一致的习惯，甚至比很多历史学的同行会更多一些。唯一担心的，是怕自己才疏学浅，讲得不好，不能满足大家的期望，这让我有些紧张。

今天想给大家讲的内容，是关于我在前年秋天出版的一本小书——《制造汉武帝》。书籍出版后，受到的关注，远远出乎我意料之外。初印 7000 册，半年多就脱销了。三联书店第 2 次加印 4000 册，到现在仅仅一年时间，也即将售罄。在此，首先要向广大读者表示衷心的感谢。

这本小书，涉及司马光撰著《资治通鉴》时对史实的忠实程度和处理方式，涉及汉武帝晚年以至霍光执政时期西汉施行的是怎样一种治国路线，这都是中国古代史研究中的重要问题。我这本小书的很多看法，都与学术界已有的观点不同；或者更准确地说，是与当今中国学者的主流意见直接冲突。于是，在受到众多读者关注的同时，一些人也纷纷撰文，或是以其他形式，对我的看法，提出了尖锐的批评。

这些批评，促使我重新审视自己的研究，帮助我发现自己论证不够完善的地方，也帮助我订正一些行文的疏失，对此，我表示衷心感谢。但就我的整体论证过程和基本观点而言，目前还不能接受反对者的意见，我还是坚持自己的做法和认识。同时，由于《制造汉武帝》出版之后，我一直忙于从事其他研究和比较繁重的教学工作，后来又患病医治很长时间，至今仍未痊愈，所以，就没有专门对这些批评做出回应。我想，这给很多读者会造成一定困惑，不知我是否会修正乃至放弃自己的观点。

下面，我就借这次机会，结合已经看到的批评意见，简要谈谈对其中一些主要问题的看法（而不是与批评者进行辩论），以便广大读者了解我的态度和固持己见的理由。在座的同学，若是还没有读过《制造汉武帝》，也没有关系，大家同样可以听到我对这些重大历史问题的看法，可以了解我是怎样研究这些历史问题的，还可以了解到我对历史研究的基本认识。

一 《制造汉武帝》的著述宗旨与结构设置

首先向大家介绍我这本小书的著述宗旨和结构设置，让大家了解它究竟是怎样一本书。

这本小书，原来是一篇篇幅比较长的论文，题目是《汉武帝晚年政治取向与司马光的重构》。撰写这篇文章的目的，是我在北大给研究生讲授目录学课程时，想尽可能清楚一些说明司马光《资治通鉴》各个部分的史料价值。

研究历史，首先要有可信的史料。打个不太确切的比方，这些史料，就像我们做理工科实验使用的试验材料。史料的可信程度有大有小，不同的史料，有不同的使用方法，造成的结果会有很大不同。大家很容易明白，其中有些研究，若是史料运用不当，就像在理工科的研究中使用了不该使用的试验材料，或是采用了错误的试验方法，自然不会得出正确的结论，或是真正有科学价值、有社会应用意义的结果。

北宋时人司马光撰著的《资治通鉴》，就在这方面存在很大问题：为体现自己的社会理想，司马光在写作过程中不仅刻意摒弃了很多真实可信而且也很重要的历史事实，同时还采用了一些绝不可信的史料，用现在的话来讲，就是着意悖戾客观实际而人为地“构建”自己所期望的历史。作为一位大政治家付诸现实政治生活的工具，尤其是提供给皇帝“资治”的镜鉴，司马光这么做，固然有相当积极的意义，无可厚非。但我们今天要是把司马光这样写成的纪事，简单认作真实发生的历史，以此为基础来论述古代史事，其结论就难免会“谬以千里”。

与理工科研究过程中对试验材料或是试验方法的区分比较容易得出清晰结论的情况有所不同的是，历史学研究中所运用的史料，往往真赝杂陈，辨别起来，颇费周章。就《资治通鉴》各个不同时期的纪事而言，隋唐五代，由于相关记载比较丰富，相对而言，还比较容易考辨；由此出发，越向前期追溯，相关记载越少，辨析的难度自然也就越大。

不过物极必反。到了秦和西汉时期，因为除了《史记》《汉书》和《盐铁论》等少量子书这些今人仍可看到的史料之外，基于传世文献的记载，人们实在想不出司马光还会看到什么我们今天看不到的东西。所以，一些具备完善文献学基础的学者，就清楚地指出，《通鉴》对于秦汉史研究并不具有史料价值，绝不能引用《通鉴》来做秦汉史研究。业师黄永年先生在给研究生讲授治史的入门基础时，即反复强调这一点，并且指出《通鉴》的纪事内容，系依据《史记》《汉书》等著述编录改写，并没有我们今天看不到的可信史料作依据。

在接受先师教授的这一基本治史原则的前提下，我在《制造汉武帝》这本小书中，具体剖析了司马光在《资治通鉴》一书中人为构建的汉武帝晚年政治形象，指出其所依据的史料亦即《汉武故事》等存在严重问题，不足凭信。

如前所述，问题的复杂性在于，历史研究所使用的史料，其适宜与否，不像理工科实验用的材料那样容易分辨，往往需要研究者首先具备比较完备的文献学基础。然而，文献学涉及的范围是相当广泛的，学者们对它的掌握，实际上是一个终生渐进的过程，谁都难以做到尽善尽美。事实上，就研究者自身的情况而言，并不是所有人都具有同等程度的文献学素养，因而当代一些著名学者的著名论著，在史料运用方面，同样也会不同程度地存在一些缺陷。另一方面，若是就史学论著的接受者或者阅读者而言，具备较好文献学素养或者说受过相应史料学训练的人，就很容易理解我在《制造汉武帝》一书中提出的看法，但这对另外一些人来说，自然会有不同的反响。

在研究者方面，著名学者田余庆先生有一篇题作《论轮台诏》的论文，在学术界影响很大，其结论不仅被编入多种中国通史的教科书，甚至还被某些学者誉为经典之作。田余庆先生这篇文章，即主要依据司马光在《资治通鉴》构建的汉武帝形象，论证在汉武帝与其太子刘据之间存在着两条相互对立的治国路线：老皇帝“尚功”，小太子“守文”。这两条路线的斗争，导致所谓“巫蛊之变”的发生，而汉武帝在经历了这一番动荡之后，在去世之前两年，幡然悔悟，下诏罪己，把治国的路线，由自己的“尚功”转向已故太子的“守文”，汉代政治的总体走向，从此踏上一条全新的路途。虽然这种观点的萌芽，至迟在上世纪三十年代，即已经由日本著名东洋史学家市村瓒次郎先生率先提出，但市村先生的观点，本来就不是十分周详，后来又被日本学术界所抛弃，对中国学术界的影响，远没有田余庆先生这么大。

在这种情况下，若不具体指明田余庆先生这篇文章的不合理性，就难以清楚阐释司马光在《资治通鉴》一书中恣意构建汉武帝晚年政治形象的问题。为此，我在这本小书的前四章论述司马光对汉武帝晚年政治形象的构建时，即密切结合田余庆先生的相关看法，一一论证了各项相关问题。

论证这些内容的前四章，虽然是构成《制造汉武帝》一书的基本内容，但只是指出了司马光怎样“制造”汉武帝晚年政治形象和他为什么要进行这种“制造”的问题。此外，水有源、树有根，司马光是一个“老实人”，《资治通鉴》的每一项记载都是有“史料”出处的。其具体出处，主要就是南朝刘宋时期写成的神仙家小说《汉武故事》。那么，司马光依据的《汉武故事》一书为什么又要编排出这样一通汉武帝与戾太子之间的对立冲突呢？若不对此做出合理的解释，对司马光“制造”汉武帝的解析，显然还不够完满。

现在，我们面对的问题，开始变得更为复杂。这就是从总体上来说，已经脱离历史编撰的领域，进入文学创作的范畴。——因为按照现代学者对古人著述形式的认识，南朝刘宋时期王俭撰著的《汉武故事》，是一部地地道道的文学作品，纯粹属于虚构的性质。

分析文学作品的创作因缘，这是一个具有很大相对性的个人认识问题；分析一部一千五百多年以前的文学作品，时移世易，对那时的社会环境，对那个执笔写作的人，文献记载，都很有限，做出这样的分析，尤其困难。这更具有挑战性，也往往是不可能的。在今天，我们具体能不能做，首先是要靠你的运气和对相关知识的了解：只有有迹可循，才能做出相应的解析。

在这一点上，我的运气还算不错，因平时胡乱读书，涉猎范围较广，在分析这一问题时，很自然地看到、想到了一些相关的记载。当然，作为历史研究者，材料的多与少，也是相对的。研究者首先要时刻怀揣知人论世的意念，要把这看作自己的基本职责。不然的话，记载再多、再充分，你也很难看到它，并将其挖掘出来，加以利用。

透过《汉武故事》总体内容的“神仙家”属性，透过其创作时代的文化思潮，透过《汉武故事》作者王俭家庭的遭遇和个人的社会追求，我努力尝试解析王俭在《汉武故事》中写入相关内容的缘由。这部分内容，就是《汉武故事》的第五章：《刘宋时期另一场“巫蛊之变”与王俭塑造的戾太子形象》。

可以说，这是司马光“大构建”中套着的一个“小构建”。通过对这一“小构建”的解析，可以更进一步地展示这一历史构建的复杂性。像这样一个多重组合的历史构建，在历史构建问题的研究中，典型性很强；特别是在秦汉魏晋南北朝时期的史事记述当中，是更难碰到的典型事例。我想，这样的努力，在同类研究中，是会有很大积极意义的。

一些读者，未能理解我的写作意图，误以为《刘宋时期另一场“巫蛊之变”与王俭塑造的戾太子形象》这一章是用来批驳市村瓒次郎和田余庆等学者的“汉武帝晚年政治路线转变说”。这完全不符合我的意图。我认为，只要认真阅读，也不可能在我的书中看到这样的逻辑关系。不仅是这一章，《制造汉武帝》全书，都是在探讨司马光的历史构建问题，这是我的著述宗旨，而不是着意驳难市村瓒次郎和田余庆等学术前辈的观点。

在学术探索的过程中，出现互不相同以至于截然对立的观点是很正常的，即使对所谓“名家”的观点提出不同意见，也不值得大惊小怪。恕我直言，某些人、某些报章，抱着一种看热闹的心态，瞪大眼睛聚焦我同市村瓒次郎和田余庆诸位先生的学术观点分歧，甚至采用市井流氓的手段恶意散布流言蜚语，这虽然会误导一些读者，但只是作者和刊发者心态的自我表曝，与我无关，也与《制造汉武帝》一书无关。排印新闻纸和编辑学术期刊有很大的不同，在他们那个行当里有一句名言：狗咬人不是新闻，人咬狗才是新闻。我没有疯，当然不会去咬狗。

作为一部文学作品，进一步深入分析，就会涉及《汉武故事》中汉武帝和戾太子形象的创作原型问题。本书的第六章《汉武帝谓戾太子不类己故事的原型》，是把眼光重新转归西汉，探寻这一复杂历史构建的实在原型，依然不是用它来论证司马光是否构建过汉武帝晚年的政治形象。这同样是一项具有很大相对性的个人认识。我脱离《汉武故事》王俭的时代而到《史记》《汉书》中去找寻其创作原型，是基于后人了解的西汉史事主要是这两部史书的记载，这两部史书的内容，在王俭其人的汉代知识构成中，占据了绝对主体的成分。

上面讲的《制造汉武帝》一书第五、六两章的内容，因为是通过历史分析来看文学作品创作过程中的主观因缘，自然无法像研究历史事件和历史时期的典章制度等问题一样，得到确切的证明。这就像我们探讨当代作家的文学作品一样，评论家讲的，是不是符合作家本人的真实心态和具体创作原委，这都是具有很大相对性的。所以，我说这不是用实证的方法就能够获取读者认可的，信与不信，更多的是取决于读者自己，而我只能是尽己所能，努力做出探析而已。当然，这并不意味着我自己没有把握，我自己也不相信自己的结论。

另外，这是对古代文学作品所做的历史分析，而不是讲什么"历史书写"问题，因为王俭在《汉武故事》中写的不是历史，它更接近"寓言"。借用北京市井土话来讲，王俭是在拿这些故事来"说事儿"。司马光有意把它移用于历史纪事，硬把它转换成实际发生的史事，是有其特殊政治目的的，二者是性质完全不同的两码事，不能相提并论。

只有准确理解上述著述宗旨和结构设置，才能合理理解《制造汉武帝》这部小书的内容，这一点，希望在座的对《制造汉武帝》感兴趣的同学以及其他所有读者都能够明白；至少能够认真阅读一下这本书前面的"撰述缘起"，先把它看明白了，明白我写的究竟是什么，再发表议论也不迟。不然的话，你评议的，可能根本不是我的意思，那只是你自己的话，与我，与我的小书，是没有任何关系的。

顺便说一句，《制造汉武帝》出版后，我看到有一些人发表议论说，司马光这样写《资治通鉴》没有什么不好的，这会给读者带来更好的影响；可以告诫后世君主，不要效法汉武帝，祸国殃民。其实这和我的研究是两个不同层面的问题，这是在谈历史著作的社会效用和“写历史”的时候应当怎样写，而这个问题，比较复杂，三言两语，很难在这里说清。我想简单说明的是，就个人的政治态度而言，我是比较赞赏司马温公的，我也非常理解他在《资治通鉴》中所体现的政治立场，但是我写《制造汉武帝》，是在做历史研究，是要揭示历史的真相。这样的研究，借用余嘉锡先生讲过的话来说，就是“考证之学之于古书也，但欲考其文之真伪，不必问其理之是非”（《四库提要辨证》卷二三“岳武穆遗文”条）。

二　《汉武故事》的撰著时间及史料价值

如上所述，《汉武故事》的纪事，绝非信史；更准确地说，根本不是历史记载，只是文学创作。正因为如此，南宋初年的吕祖谦和王益之，就断然否定并且摒弃了书中的纪事。从我在《制造汉武帝》一书中引录的佚文，读者也很容易看到其荒诞无稽的程度，明白它是决不能用作普通史料的。可是，司马光为了体现自己的政治追求，为此而构建符合自己期望的历史状况，竟刻意移用其中的内容，写入《资治通鉴》，“制造”出了一个悖戾历史真相的晚年汉武帝形象，还有汉武帝在临终前两年对治国路线的大转变。

这些情况，是由《汉武故事》的性质所决定的，本不因《汉武故事》的写作时间和具体作者而会有所改变，但颇有一些读者，或许是因为未能正确理解前面所讲的《制造汉武帝》一书后面两章的作用，从而就此大发议论，以为《汉武故事》的撰著时间不会晚至南朝刘宋时期，其作者也不是王俭；其中有些人甚至以为，这样一来，拙著也就失去了论证的基础，从而变得毫无意义。

人和人是不一样的。对后面这一类人，我无话可说，也不需要再讲什么。道理，这类人根本不会懂，但我相信，与之不同的另一类人会懂的。在这里，我想针对前面一类人对《汉武故事》成书时间和作者的疑惑，再和大家谈谈我的看法。因为这涉及我对《汉武故事》相关内容的解析，涉及撰著此书时的社会思潮与作者个人身世对书中相关内容的影响。

我认定《汉武故事》系南朝刘宋时人王俭的作品，最主要的依据，是晚近学者余嘉锡先生的研究结论。

一些人在根本没有读过余嘉锡先生的论述，甚至根本不知道余先生是何许人也的情况下，随便看一两眼时下某某人写的什么东西，就放胆发表自己的“看法”，以为敝人认定王俭为《汉武故事》的作者，这根本不能成立；甚至还有人说什么我没有参照他看过的某某人的所谓“成果”，是不管别人做了什么新的研究，是不符合所谓“学术规范”，等等。

对于这些人的看法，我想先转述一个晚明文人张岱讲过的故事，内容如下：

> 昔张公凤翼刻《文选纂注》，一士夫诘之曰："既云'文选'，何故有诗？"张曰："昭明太子所集，与仆何与？"曰："昭明太子安在？"张曰："已死。"曰："既死，不必究也。"张曰："便不死，亦难究。"曰："何故？"张曰："他读得书多。"（张岱《琅嬛文集》卷一《一卷冰雪文后序》）

梁昭明太子萧统在《文选》中编录诗赋等多种文体的篇章，是因为"文"可以兼该诗等一切体裁的文辞，只有不读书、没文化的所谓"士夫"才会发出这么傻、这么蠢的疑问。张凤翼先生告诉这位"士夫"，昭明太子"读得书多"，所以就是活到今天，你也不能去究问他的做法有什么不妥，这实际上是在讲像这样一个根本不读书的人，是没有资格来谈论这些问题的。

在目录学研究方面，余嘉锡是一位空前绝后的大师。这是一位真正的大师，不像现在那些硬靠学生吹捧出来的假货。至少在我有生之年，以及根据目前世界学术界的状况来做推论，是没有什么人能够超越他的研究水平的。他有宽厚而又坚实的基础，有通观的眼光，这都是其他学者很难具备的素养和能力。我想，要是有什么人真的关心这一问题，想了解其中的原委，最好还是先仔细读一读余嘉锡先生的论述再来发表意见为好。不然的话，让明眼人看起来，恐怕很像是张凤翼曾经遇到过的那位"士夫"一样呆傻，用过去学人文士常用的话来讲，就是难免令人齿冷。

余嘉锡先生的论述，见于所著《四库提要辨证》。这是文史研究中最基本的书籍，感兴趣的人，自会覆按，而不想读书求知的人，你拿给他看，他也不会稍一展读，故毋庸在此赘述。我想稍加说明的是，虽然我非常敬重余嘉锡先生的学术造诣，但从未把他当作神来看待。水平再高，他也是人，而在学术研究中，是人就会犯错误；况且水平高的学者一旦出错，性质往往还会更加严重。所以，我并不是盲目采信余嘉锡先生的观点，自己是做过相应的审辨的。

首先，如同余嘉锡先生所指出的那样，王俭是《汉武故事》见于史籍记载最早的作者。唐朝人张柬之最先谈到此书作者，乃谓“王检（俭）造《汉武故事》”。余嘉锡先生以为，这样的说法“必自别有据依，断非凭虚立说”。没有办法，张柬之出生的时间确实比现代人早很多，能看到很多后人看不到的书籍，能看到《汉武故事》散佚之前的原貌，看到原本上题写的作者姓名，而在没有其他强硬证据的情况下，依早出者为是，这是治史的一项基本原则，也是判定古书作者和成书年代的基本原则。

第二，王俭为南朝刘宋至萧齐间人，卒于南齐开国未久之时，而最早引述《汉武故事》的书籍，是梁刘孝标的《世说新语注》以及与之约略同时的北魏郦道元著《水经注》，正紧密接续于王俭的时代之后。这一点，验证了张柬之的说法是完全符合历史实际的。

第三，从中国古代小说的总体发展历程来看，日本学者盐谷温、中国学者周树人（鲁迅）等人，都早已指出，像《汉武故事》这一类“汉人小说”，无一不是“晋以后人之托汉”。这是从内容、文笔两方面的基本特点所做的概括总结，是从大处着眼所把握的时代特征，而王俭撰著《汉武故事》，与这一时代趋向恰相符合。又《汉武故事》原书虽久已失传，但详观今日所见佚文，亦正属东晋南朝神仙家盛行时期的内容，同样契合王俭所处的时代。

上述几点，本来我在《制造汉武帝》一书中都有清楚的表述，无奈一些人随便看到一两种时下学者轻浅的说法，既不认真阅读拙著，也不做任何分析考辨，就信口表态，指斥拙说不能成立。余嘉锡先生的观点不一定都正确无误，我的看法，更难免错谬，这个问题仍然可以继续探讨，但要想对王俭撰著《汉武故事》一说加以否定，需要对余嘉锡先生的观点和敝人的看法做出具体的批驳，而如上文所述，这些断然否定敝人看法的人，却完全不对我的具体论证做出任何辨析，就悍然挺身亮相。对待严肃的学术问题，这样的做法，实在轻率，甚至可以说过于轻浮。

尽管如此，今天，我还是愿意在这里对其中比较有代表性的说法向大家适当说明一下自己的态度。

在这些否定拙说的人当中，有人根据一些概述性书籍列举的研究成果，谓潘岳《西征记》中“厌紫极之闲敞，甘微行以游盘，长傲宾于柏谷，妻睹貌而献餐”云云数句，是化用《汉武故事》讲述的刘彻微行柏谷故事，从而说明西晋时人潘岳已见有《汉武故事》，故其书最迟也是汉魏之际的建安正始间人所著，绝不会晚至南朝刘宋时期。

今案唐朝人李善笺注《文选》，最早引述《汉武故事》来笺释《西征赋》上述文句，但这并不意味着潘岳写作此赋时就一定是借用《汉武故事》的记述。因同类故事流传于世，固非一定仅仅见载于《汉武故事》一书，这一时期散佚的古书还有很多，而且我们可以明确看到，《汉武故事》中有的内容，是有早于王俭时代很多的渊源。

对此，我在书中已经做过清楚的论述。例如，书中述及长陵徐姓女子延君事，竟明白记有"至今上元延中已百三十七岁"云云的话语，俨然汉成帝时人口吻，但这只能说明王俭在撰著《汉武故事》时采录了一些更早来源的数据，而不能据此将《汉武故事》视作成帝时期的作品（案今亦有人做出这样的论断，我在《制造汉武帝》书中已经对相关论述做出了说明）。其实余嘉锡先生早就注意到这条材料，并做出了合理的解释。明白了这一点，就很容易理解，潘岳写作《西征赋》时，同样可能是利用了这样一类素材，对此本不值得大惊小怪。

最后，基于前文提到的我对余嘉锡先生在历史文献学研究方面的权威性地位，我想在这里再补充摘录一段余嘉锡先生对《汉武故事》这一类"小说"的源流衍变及其史料价值的具体阐释：

> 方士说鬼，文士好奇，无所用心，聊以快意，乃虚构异闻，造为小说也。……谶纬之与小说，方技之与神仙，相为因缘，亦已久矣。及至魏、晋之后，六经告退，庄、老方滋，风尚浮华，文词靡丽，于是不经之书，杂然并作。观《洞冥》托之郭宪，《拾遗》造自王嘉，并皆方术之流，故多荒唐之论。……盖此二书，凡所纪述，并杜撰无稽，凭虚臆造。……

> 爰逮齐、梁，人矜博洽，诈伪之作，其流实繁。或假托古书，或虚造新事，但可用作谈资，不当认为信史（《古书通例》卷二《明体例·古书多造作故事》）。

王俭撰著的《汉武故事》，正处于上述“诈伪之作，其流实繁，或假托古书，或虚造新事”的齐梁时期，读其书者自应但用作谈资而绝不宜将其认为“信史”，这就是我从余嘉锡先生那里学来的对《汉武故事》一书的基本态度。自己才疏学浅而又墨守成规，不敢妄谈其他。

三　汉武帝晚年是否改变国家的政治路线

前面第一部分已经谈到，尽管在揭示司马光如何构建汉武帝晚年政治形象时不可避免地触及汉武帝晚年是否改变治国路线的问题，但这并不是《制造汉武帝》一书的核心内容；或者说，这并不是《制造汉武帝》的主线，汉武帝晚年政治取向的真相，只是在解析司马光如何构建史事的过程中所举述的一个典型事例而已。我的著述宗旨，更不是着意驳难市村瓒次郎先生和田余庆先生等前辈学者。

虽然在阐述我的著述宗旨的过程中，同样不可避免地对市村瓒次郎先生和田余庆先生等学术前辈的观点提出了不同的意见，但关注的核心问题，是他们依据司马光人为构建的汉武帝形象立论。这样得出的研究结论，犹如海市蜃楼，在那些崇信者的眼中，看起来或许很美，实际上却是一种虚幻的景象。

拙著刊布后，一些人踊跃表态站队，亮明力挺田余庆先生的态度，同时自视是在批判敝人的看法，坚持认为汉武帝晚年对其治国路线做出了根本性转变。

对此，首先需要原则性地做出如下两点说明。

第一，在这些持不同意见的学者当中，仍有个别人坚信《资治通鉴》载录的相关内容都是信史，坚信司马光移用《汉武故事》是一种质实审慎的做法。对此，我只能重复我在回答《澎湃新闻》记者提问时讲过的一句话：这是一个最基本的史料学问题；也就是说，这是一个跨入学术门槛就必须明白的基本常识。假如你非信不可，那么，对于我来说，已经失去所有对话的基础，再讲什么，都没有意义，你信就好了。

第二，更多的人以为即使没有《资治通鉴》的记载，田余庆先生的观点依然成立。这些人认为，汉武帝晚年确实像田余庆先生所讲的那样，改弦更张，对治国路线做出了根本性转变。对此，我想说明的是，这只能表明你的看法，而与你所要维护的田余庆先生的观点没有丝毫关系。至于极个别的人，旗帜鲜明地表明自己是坚定地站在田余庆先生一边，那就去和忠心捍卫老师学术观点的田门弟子（假如有这样的学生的话）讲好了，这对我并没有什么意义。

田余庆先生《论轮台诏》一文的基本脉络是：在元封年间，形势已经促使汉武帝产生了转变治国路线的需要，而田先生指认的汉武帝本人对这一形势的认识，是《资治通鉴》利用《汉武故事》写就的汉武帝与卫青的对话，田余庆先生说汉武帝此语是出自

“郑重思考，而不是敷衍之词”。在既然早已“郑重思考”此事的情况下，又为什么迟至征和末年临死之前才颁下轮台之诏，确认由兴利尚功向所谓“守文”的转向呢？田先生认为，是汉武帝和卫太子之间的两条路线斗争延误了政策的转向，而这种两条路线的斗争，同样仅见载于《资治通鉴》移录的《汉武故事》。在此基础上，田余庆先生又把《资治通鉴》中根据《汉武故事》写出的征和四年三月汉武帝颁下“丑诋”自己的所谓“诏书”，视作“汉武帝‘罪己’的开端”，从而才会在“是年六月就有轮台之诏”，二者实乃密不可分，“为一事的重申”。

清楚上述情况，便很容易看出，田余庆先生阐述的汉武帝晚年政治路线的转变，是以《资治通鉴》录自《汉武故事》的纪事作为极其重要的基础的。若是抛开这一点不谈，那就不是田余庆先生的观点，只是那些私心笃信自己是田余庆先生忠实信徒的人所偏执的意念。

这本来就不是田余庆先生的观点，也不是司马光书写的汉武帝，那么，这些人怎样看待汉武帝晚年的政治取向问题，至少到目前为止，我并不关心；他们就我的文章而谈论的这些话题，虽然目标直接指向我，但在我看来，与我本人的学术观点也是风马牛不相及的事儿。有人愿意谈，那只是谈他自己的观点，想谈，谈就好了，这既然不是敝人提出的问题，我自然也就没有必要专门就此作答。不是不要讨论，是你自以为是针对我的论述所提出的问题，实际上与我的论述完全无关，而我现在对你谈论的问题一点儿也不感兴趣，自然无意参与其中，对你的问题进行讨论。

除了上面两种情况之外，还有很多人在阅读《制造汉武帝》后，思索《汉书》等可信文献的记载，单纯地对汉武帝晚年的治国路线是否发生过重大改变也产生一些疑惑，或是得出了与敝人不同的看法，因而希望我能够就此再做些说明。

对这一问题，我认为《制造汉武帝》一书，已经做出了很充分的论证，实在没有必要再多缀加笔墨。另外，过去我在回答《澎湃新闻》记者提问时也对此做了进一步的说明（在我的文集《祭獭食蹠》中收录了这篇采访的内容）。在这里，我想再重复一遍在《制造汉武帝》书前的“撰述缘起”里讲过的话：

> 我论证汉武帝晚年并没有司马光所期望的政治路线转变，并非仅仅是由于《汉武故事》不可信据，更重要的依据是，《汉书》和《盐铁论》等基本史籍的记载，与此都存在严重冲突。

稍微有些复杂的是，有人对《汉书》相关记载的解读，与我有很大差别。这是个大问题，从大处着眼，看起来会更明晰，而对这些具体的纠缠，没有必要多费笔墨。在这里，我想有必要再强调一下《盐铁论》对说明这一问题的意义。

昭帝始元六年二月召开的盐铁会议，是霍光为了打击在外朝实际施政的车千秋和桑弘羊而蓄意谋划的。在这次会议上，来自全国各地的贤良、文学，对当时正在全面施行的汉武帝既定国策（如桑弘羊在盐铁会议上所说：“君薨，臣不变君之政。”）做了猛烈的抨击，涉及内外治国方略的方方面面，而且直接溯及汉武帝在世时期的国政。

面对这些贤良、文学的放肆攻讦，我不禁要问：假如像田余庆先生等人理解的那样，汉武帝在其晚年对治国路线做出了一百八十度的大调整，大汉王朝已经由兴利尚功全面转向“守文”，那么，这些贤良、文学何以还会没事儿找事儿地大放厥词？难道他们都同时精神失常以致发疯乱咬吗？为应对这些攻击，桑弘羊又何必不嫌辞烦，尽奋一人之力滔滔不绝地舌战群儒？他只要讲一句“先帝业已罪己改过”，不就足以斥退这般无的放矢的胡话了吗？

答案很简单，汉武帝的祸国殃民路线是一以贯之，至死未休的。知道自己要死了，也还要安排忠实执行既定国策的接班人接着来祸害苍生百姓，凡是自己定下来的，都要按既定方针办，一样儿也不能改。在中国历史上，这样的事情，恐怕不止出现过这么一次。

我觉得，该论证的，我都已经做了清楚的阐述。在论述过程中，小的疏失是有（就这些具体问题而言，我衷心感谢所有指出拙著错谬的人，《制造汉武帝》一书若有机会再版重印的话，我会尽量吸取这些批评意见，改订拙作），但到目前为止，我还没有发现需要更改乃至放弃自己基本观点的理由。

至于别人怎样看，读者接不接受，那都不是我的问题了。我尊重所有人思考的权利和根据自己的思考所做出的判断，也不希求任何人一定要接受我的看法，但我也没有义务非接受别人的看法不可。

本月初我在浙江大学历史系做学术讲座时，一位很喜欢中国古代历史的律师朋友当众向我讲述说，他是认真阅读过《盐铁论》

的，从中丝毫看不出汉武帝晚年改变治国路线的迹象。他不明白，为什么有些人就看不明白这一点？我告诉他，人和人的交流本来就是很难的，这在很大程度上是由于人的生理差异所决定的。所以，没有必要强求和不能交流的人交流。

另外，还有人谈论所谓《汉书》的“历史书写”与汉武帝晚年是否转变治国路线的关系，而观其所论，类皆游离于班氏之书以外，给人以为谈“历史书写”而强说“历史书写”的感觉。恕我愚钝，对于这样的议论，我只能借用顾炎武针对明后期以来言心言性者所说的一句话，来表达自己的看法，即这样的论述已超出于敝人的理解能力之外，故“我弗敢知也”（《亭林文集》卷三《与友人论学书》）。若是一定要讲班固对汉武帝一生政治路线的认识的话，那么，我认为，《汉书·武帝纪》不载“轮台诏”而篇末复有评语说武帝若能“不改文景之恭俭以济斯民，虽《诗》《书》所称，何有加焉”，这就已“书写”清楚：终其一生，汉武帝一直劳民伤财不已，绝无改弦更张的政治路线转折。

附带说一下，有一些学者在汉武帝晚年政治取向问题上对拙说虽基本赞成，但却以为汉武帝晚年对内政虽无改变，对外用兵方面却做了很大调整。我认为，汉武帝晚年对外用兵作战虽然大体停歇，但这并不意味着他在这一点上对国家的施政路线做出了根本性改变。这是因为历史时期中原政权对外侵略扩张领土在地理上是有极限的，汉武帝的侵略扩张也是有自己既定目标的（元封三年制作的“惟汉三年，大并天下”瓦当，是汉武帝业已实现既定目标的一项重要标志），汉武帝晚年不仅已经实现了自己拟定的领土扩张目标，而且也已最大限度地抵达了这一可能的极限，是几乎无处可以继续用兵，绝不是因与民休息而不想用兵。这一点，仅仅看一下《盐铁论》中直接关涉对外用兵的《地广》《备胡》《西域》诸篇，就可以一清二楚。

最后再指出一点基本事实，供同学们参考。若仅仅就汉武帝晚年是否对治国路线做过根本性转换这一点而言，在整个国际学术界范围内，田余庆先生所持转换说，实际上是日本学者市村瓒次郎先生早已提出的观点，并不是田先生的新发现，而这又是一个被日本的东洋史学界早已抛弃的陈旧观点。各位同学大多是学自然科学的，以大家所接受的科学素养来判断，这究竟意味着什么，相信同学们都能够理解。其实，这也正是我撰写《制造汉武帝》一书时并没有单纯、直接地针对田余庆先生这一观点提出问题的一项重要原因，即就整个国际学术界的认识而言，应当说本来早已超越了这样的认识。

四　历史研究也是一门科学

各位同学，上面讲述的关于《制造汉武帝》的问题，一些学者提出的不同看法，实际上还涉及一些历史学研究的基本问题。我想在座的大多数人，虽然对历史都很感兴趣，但对历史学研究的性质和方法并不一定都很熟悉；甚至对于更多的人来说，可能是很陌生的。其实这也不怪大家，你们多是学习理工科的，和历史学的学科距离比较远，而是它本来就很不清楚。

刚才一开头我就说了，我本来和各位同学一样，在大学本科也是学习理科的，后来从事的专业，叫“历史地理学”。今天中国绝大多数专攻此道的学者，也把“历史地理学”划归地理学的范畴，而且其中一些具体问题，在很大程度上需要主要依赖自然科学手段或是紧密结合自然科学手段才能解决。所以，我的学科出身和主要从事的专业研究，都和自然科学较为亲近。

不过我现在具体研究的问题，更多的是采用很传统的历史学方法，切入问题的角度，也更具有历史学的特色。这一点看上去似乎很清楚，可实际上却不那么简单。这是因为从本质上讲，历史学者对自己所从事的这一学科的认识，要比像理工科这样的自然科学工作者复杂得多。

有相当一批学者认为，历史学不是科学，而是一门艺术。既然是艺术，研究的结果也就不存在是非正误，研究者所强调的和旁观者需要评价的，只是构思、创意和手法的高下优劣。历史学界有数量众多的一大批人，开口闭口大谈特谈什么研究的结论对错并不重要，甚至错成啥样都没有关系，重要的是你的研究思路要能与众不同，要能够独辟蹊径，这才是对学术最大的贡献，这才是个中高手。我认为，在实质上这就是把历史研究艺术化，是在用艺术创作的标准来评判学术。

例如，我的老师黄永年先生，对陈寅恪先生很多观点都提出了否定意见，而颇有那么一些人，说什么黄先生即使批评得对，也跳不出陈寅恪先生手掌心，也就是没有超越陈寅恪先生所提出的问题，终归还是提出问题更加重要。我在论证司马光构建汉武帝晚年政治形象的时候，对田余庆先生的看法提出了否定的意见，同样有人说，即使田余庆先生的结论错了，那他文章的思路也是具有重要创见的。

我对历史学科性质的看法，与此不同。我认为历史学也是一门科学。从本质上讲，历史学研究是同理工科一样的科学。在科学研究的过程中，从来就没有神，想造也造不出来神，只有踏踏实实地工作，而在具体的工作中谁都可能出错，这是不可避免的。我们不能仅仅依据某一具体结论的对错来评判研究者学术水平的高下，但错了就是错了。虽然一项严谨的探索，错误的结论，也可以告诫后来者此路不通，这也是有积极意义的贡献，但世上绝不存在伟大的错误。一项历史学的研究成果，若是出现严重的失误，必然是在研究的基础、方法等方面存在很大的问题。坦诚面对这些问题，认真汲取教训，才能切实推动学术的进步。况且对于一位真正的学者来说，从事学术研究的目的和价值，是切实解决一些疑难问题，而不是像黑社会一样争老大、抢地盘，非要标榜自己或是自己膜拜的某人一定要比别人高明不可。

即以研究的基础而论，历史学研究的一个重要基础，就是丰富的史料学的知识。这是一项看似简单而实际上需要终生努力以不断提高的基本素质。疏忽这一点，就很容易犯下错误。就秦和西汉的历史研究来说，如前面所谈到的，文献学造诣深厚的黄永年先生一贯认为，在传世史料中，除了《史记》《汉书》这样的基本典籍之外，《资治通鉴》这一时段的纪事，并没有采录我们今天看不到的可信史料。——这就是研究相关史事最最一般的史料学基础，研究者若是充分了解并掌握了这一点，就不会误信司马光蓄意构建的汉武帝史事，而中国自清代乾嘉时期以来的历史研究传统，即特别强调治史者必须首先具备这样的基础知识和相应的考辨分析能力。这一研究方法，也最好地体现了中国传统史学研究的科学属性。

另一方面，历史学既然是一门科学，就如同所有科学研究一样，其研究结论，必须通过检验，要能够经得起检验。清代乾嘉学者所强调的“实事求是”，所谓“无征不信”，实质上讲的就是这一点。与自然科学的实验方法不同的是，检验一项历史学研究成果最基本的手段，就是要通过史料的验证。

实际情况比较复杂的是，相关史料之间有时会出现不同程度的抵牾，而且不同学者对同一史料往往会有不同的解读，但这仍然有一套分析考辨的办法，有一定的客观标准。即以汉武帝晚年是否改变治国路线这一问题而论，如前所述，我认为《盐铁论》的记载，是最重要、最基本的史料依据，如果说汉武帝晚年的治国路线有过根本性的重大转折，那么，就通不过《盐铁论》的检验，这样的认识就不能成立。

道理就这么简单，一点儿也不难理解，只是在具体的研究实践中，需要首先具备良好的史料学素养，才能在研究过程中，随时衡量好自己对史事的判断是否能够符合各项基本史料所限制的条件，这也就是前面所说史料学的基础。

历史学研究科学性的另一体现，是需要展示论证的具体细节，同时还要一一注明其史料出处，不能随意省略哪一个论证的环节，也不能不告诉读者你的史料依据。在我看来，历史学研究过程中每一个具体的论证环节，每一处论证的细节，亦即犹如理工科研究过程中一个个实验的步骤，一个个具体的实验数据。因而，对于一项严谨的研究来说，在其表达形式中，一定要尽可能体现这些内容。只有这样，人们才能准确地把握其研究路径并具体覆核其每一道研究程序，以有效地审辨其是非正误。

我们理工科的人看历史学界的研究状况，会发现一个与理工科有很大不同的现象，这就是好像历史学界很多人都能看懂那些非常专门的高端研究成果，而这在理工科却是很难做到的。在理工科，通常大多数未曾从事同样课题研究的人，只能依赖很少那么几个专家的判断，要看文章发表在什么等级的专业刊物上，需要等待具备相应资质的实验室对其加以检验。

其实，历史学的研究与理工科并没有什么不同，大多数人只是觉得自己看懂了而已。历史学界颇有一些众人拍案叫绝的研究成果，在未曾核对史料加以验证之前，相当一大批旁观者通常并不了解其具体研究过程是否存在问题，看着觉得差不多，或是出于对研究者名声、地位的崇信，相信他不会在具体的论证环节上出错，尤其绝不可能出现这些膜拜者万万意想不到的低级差错。

逐一展示论证的各个环节，才能给读者提供检验核实的路径。明白了这一点，我想同学们也就能够理解了：作为一门科学，历史学中一个正确的研究结论，同样是可以依据研究者的路径重复实现的，而错误的结论，显现的结果，必然是“此路不通”。

与我主张的这种论证方式相反，我们可以看到，一些学者在撰写历史学论著时，在表述的形式上，特别追求文字的简省，特别强调所谓畅达易读，为此而省却对具体细节的证释。我认为，从实质上来说，这是在以通俗读物、也就是科普读物的标准来写专题研究报告；或者说这更像是讲演稿的写法。但是，若非已经有充实可靠的先行研究和具体的阐释作基础，这样的通俗读物或讲演稿是没有多大学术意义的。

专题的历史研究论著，若是过于求简，只在意宣布自己认识的结果，而不向读者讲清楚论证的具体过程，刻意追求让一般读者而不是真正的专家读起来觉得畅快，往往会造成很严重的问题。譬如，我在研究中国雕版印刷术起源问题时遭遇的英国学者巴雷特，就是这样，其绝大部分论述都不交代史料出处，缺乏对各个环节间逻辑关系的说明，几近于信口开河。

必须指出的是，至少在中国古代史研究领域，事实上并没有什么像相对论那样常人不易想到的问题，也不需要什么离世脱俗的想象。因为古人也都是肉眼凡胎，所作所为也是首先基于饮食男女的日常生活。别的学者不随意乱讲，不一定是因为智力低下想不到；至少对于我本人来说，是觉得，在历史学研究中，只提出问题而不解决问题，或是随便胡说几句就以为自己解决了问题，这是没有任何意义的。说历史学是实证的科学，可能很不全面，很多人也都不能接受，但我认为，只要还把对历史问题的探究看作一种科学研究，就必须承认，历史学研究首先要具备充分的实证基础。

我写《制造汉武帝》，探讨司马光构建汉武帝晚年政治形象问题，研究的实质内容，虽然不是简单的是非考证，但却是努力把整个论证过程建立在尽可能扎实的史料分析和史实判定基础之上。一些人可能觉得论证的过程过于繁琐，因此，在这里谈谈我对历史学研究的一些基础性认识。我知道，这些认识，不一定能得到很多同仁的认同，只是希望读者能够了解这一点，以便更好地理解我的论证方式和表述形式。

上面就是我向各位同学讲述的内容。下面，各位有什么不同的看法，或是有什么疑问，我愿意在这里和大家交流。

谢谢各位同学。

2017 年 5 月 20 日晚讲说于南京工业大学浦江报告厅

田余庆先生印象

（代后记）

田余庆先生离世，门生故旧纷纷撰文悼念。我与先生接触有限，追忆往昔，只有很少几个片段的印象。

第一次登门拜见先生，是为接收一名田门弟子到历史所工作。我们相向而坐。先生讲话很少，大大的眼睛里，投射出审视的目光。我感觉，这道目光，在落到我身上之前，还穿透过很长一段岁月。这样的场景神色，直到今天，仍历历在目。这是我唯一的经历。

先生《代北地区拓跋与乌桓的共生关系》一文写成之后，由于篇幅较长，一时找不到合适刊物发表。当时我正在《中国史研究》主编任上，听说后马上求来，并当即发稿，为刊物增光生色。人生老年得子，往往格外爱惜。学者为文似乎也是如此。在发稿前后和先生的通话中，我感觉先生对这篇文章瞩望殊深，想尽早面世，看到学术界的反应。

入室弟子为先生举行八十寿庆座谈会，先生请人转告，安排我也参加。这自然是很荣幸的事情，觉得自己为人为学有些基本的东西，或许得到了先生的认可。这一天，先生很动情，吟诵了前晚写的一组诗。说句失敬的话，从文学色彩和古诗素养两方面看，诗写得并不太好，但感情抒发，淳朴真挚。并不是所有老人，都能返璞归真。

和先生最近密的接触，是有一次在昆明参加学术会议。晚饭后陪先生散步，先生突感心脏不适。我架住先生在路边稍事休息，待状况平复后，又搀扶先生慢慢走回宾馆房间。这时候的先生，只是一位需要有人照顾的长者，看晚辈的眼光，温厚柔和。

近七八年来，因与先生同居一个小区，时常会遇到先生在院子里散步。大约是在两年前，先生很关切地说，你这些年写了不少文章，这很好，但年纪也不小了，应该考虑选择重大问题，写一两部放得住的书。

先生的关切，让我十分感动，也深知先生所指示的正是大学者应该走的路径。只是我天资驽钝，而且生性顽劣，读书做学问，不过满足好奇心而已，从来没有什么抱负。我们七七级上学时校园中有一句流行语："不想当将军的士兵绝不是好士兵。"把它套用到学者身上，就是"不想当大师的学者绝不是好学者"。如果说我在年轻时对自己也曾有所期望的话，那么，能做一个不太蹩脚的匠人也就心满意足了。

先生已经身患重病，还为我谆谆指点学术前程，实在没法跟先生谈这些不着调的想法。同时，也不便汇报自己在一些具体问题上与先生不同的看法。

2015 年 2 月 11 日记

增订本后记

《制造汉武帝》这本小书出版后，有一些人提出批评，或做出评议。这些批评和评议，可以帮助我更好地思索相关问题。除了极个别表述，拙文存在疏误，有必要适当修正之外，总的来说，我认为自己的论证，没有严重问题，即使是极个别需要适当修正的疏误，也并不影响我的基本论证和各项结论。基于这样的认识，我感觉重新修订原稿的价值，并不很大；同时，由于很多人已经做出的这些批评和评议，若是改动原稿，也将改变已有讨论所依托的背景，不利于关注相关问题的学者，在此前各项讨论的基础上，进一步深入探究相关问题。因此，这次重印，我决定不对原书的内容进行修订，其中也包括那些我已经认识到的疏误。

原稿是用繁体字书写，在付印前，我将其转换为简体字的过程中，由于我的疏忽，个别一些字，出现错误；还有一些字，是原稿书写错误。利用这次重印的机会，我对这些文字讹误，做了必要的修改。

此外，原稿付印时，有些注释引书的形式，前后不够统一，这次也适当做出了调整，但同样不涉及内容的更改。

这次重印此书，最重要的“增订”，是附加了《汉武帝太子据施行巫蛊事述说》和《〈制造汉武帝〉的后话》两篇文章。

增入前一篇文章，是因为很多人读到拙著之后，对我认为卫太子对汉武帝实施了巫蛊之术这一看法，感到很难接受。由于这个问题在拙著中只是很次要的一个部分，讲与不讲，都不影响我的总体论述，所以，原稿没有对此展开充分论证。但这并不等于我是信口而言，没有经过充分的思考。既然有很多人对这一问题感到困惑不解，就有必要做出必要的说明，所以，我写了这篇文章，具体阐述了自己的想法。现在把它附在这里，便于读者了解我的思考过程。

后面的这篇《〈制造汉武帝〉的后话》，是2017年5月20日在南京工业大学一次讲演的文稿，曾收入拙著《书外话》。这篇文稿，是针对本书出版后读者的疑惑、议论和批评，比较系统地阐述了我的旨意、态度和看法。这些内容当然不会得到所有人的认同，但它能够加深读者对这本小书和我本人治学旨趣的了解。

2018年5月11日记

图书在版编目（CIP）数据

制造汉武帝：由汉武帝晚年政治形象的塑造看《资治通鉴》的历史构建／辛德勇著．—增订本．—北京：生活 · 读书 · 新知三联书店，2018.8 （2024.11 重印）
ISBN 978－7－108－06357－1

Ⅰ．①制… Ⅱ．①辛… Ⅲ．①汉武帝（前 156- 前 87）－人物研究 ②《资治通鉴》－研究 Ⅳ．① K827=341 ② K204.3

中国版本图书馆 CIP 数据核字（2018）第 145304 号

责任编辑 张 龙
装帧设计 薛 宇
责任校对 常高峰
责任印制 董 欢
出版发行 生活·讀書·新知 三联书店
（北京市东城区美术馆东街 22 号 100010）
网 址 www.sdxjpc.com
经 销 新华书店
排版制作 北京金舵手世纪图文设计有限公司
印 刷 北京隆昌伟业印刷有限公司
版 次 2018 年 8 月北京第 1 版
2024 年 11 月北京第 5 次印刷
开 本 880 毫米 × 1230 毫米 1/32 印张 6.375
字 数 130 千字 图 11 幅
印 数 24,001－27,000 册
定 价 48.00 元
（印装查询：01064002715；邮购查询：01084010542）